闲话家训

女孩这样教就好了

刘川/编著

中国华侨出版社

图书在版编目（CIP）数据

闲话家训：女孩这样教就好了／刘川编著．—北京：中国华侨出版社，2015.4

ISBN 978-7-5113-5358-0

Ⅰ．①闲…　Ⅱ．①刘…　Ⅲ．①女性-家庭教育　Ⅳ．①G78

中国版本图书馆CIP数据核字（2015）第072090号

● 闲话家训：女孩这样教就好了

编　著／刘　川
责任编辑／文　喆
封面设计／纸衣裳書裝·孙希前
经　销／新华书店
开　本／710毫米×1000毫米　1/16　印张18　字数223千字
印　刷／北京溢漾印刷有限公司
版　次／2015年5月第1版　2015年5月第1次印刷
书　号／ISBN 978-7-5113-5358-0
定　价／32.80元

中国华侨出版社　北京朝阳区静安里26号通成达厦3层　邮编100028
法律顾问：陈鹰律师事务所
编辑部：（010）64443056　64443979
发行部：（010）64443051　传真：64439708
网　址：www.oveaschin.com
e-mail：oveaschin@sina.com

前言

人生来是软弱的,所以需要力量;人生来是一无所有的,所以需要帮助;人生来是愚昧的,所以需要判断能力。并且,人在出生的时候所没有的东西,以及在长大的时候所需要的东西,全都由教育赐予我们。而这种教育,或受之于自然,或受之于人,或受之于物,其中,我们的才能和器官的内在发展,是自然的教育;别人教我们如何利用这种发展,是人的教育;我们对影响我们的事物获得良好的经验,是事物的教育。自然的教育完全不由我们决定,事物的教育只是在某些方面才能够由我们决定。只有人的教育才是我们能够真正加以控制的。

对于女孩的教育长时间以来都是仁者见仁,智者见智。但有一点是谁也改变不了的,那就是不管什么时候父母都是孩子的第一任老师,他们的一言一行,每一个教育决断都决定了孩子未来的发展方向。对于女孩儿而言,不管是爸爸,还是妈妈,都必须扮演好自己的角色。

我们应该扮演怎样的角色?

我们对于女儿的教育就如同行驶在海上的船只,而父母就是那舵手,掌握着女儿的发展方向,你稍微一松手,她就会向相反的方向驶去。因为,孩子不像成人那样具有判断正误的能力,她们不知道该向左转还是向右转,这就需要我们担负起舵手的角色——一个能把握正确航标的舵手,将其从偏离的航道上拉回正道上来。

当然,这不是说我们要去掌控女儿的人生。对于女孩而言,父母的努力方向是要成为她们的保护者和知心朋友,而不是权威的领导者。

父母在对女孩的教育上要避免发生这样的错误，我们要尽力做到的是，给她们一个温馨和谐的成长环境，让她们顺着正确的道路幸福地走下去。

然而，在这个竞争激烈而又众说纷纭的社会中，怎样的方法才是真正适合造就你的女孩的呢？

有人说女孩是水做的，男孩是泥捏的。它向人们传达着这样的一种讯息：女孩更柔美，男孩更刚强。为人父母者首先应该清楚培养男孩与培养女孩是不同的，不能一概而论。我们要了解女孩的特质，找到区分点，才能更好地因材施教，把女儿培养成一个冰雪聪明、人见人爱的小公主。

《闲话家训：女孩这样教就好了》汇集了大量典型的教育事例，突出的是生活中各种各样的教育细节。从女孩心理的各个方面入手，找到恰当的切入点。每一章节都是众多成功父母总结出来的教育经验，简单实用，极具操作性。

编写此书，我们是在努力编写一本改变千万女孩的教育经典，我们是在努力探寻中国素质教育新方式，我们是在用心诠释现代家庭教育新理念，我们是在努力开创中国家庭教育新思维，我们是在全力营造优秀女孩成长的新天地。我们最想说的是：没有不优秀的孩子，只有不会教的父母。我们最大的希望就是本书能够为迷茫中的父母提供足够的帮助，让我们的孩子少走弯路。

目 录

1 培养女孩，首先要走进女孩的独特世界

女孩有女孩的天赋，亦有女孩的不足 2
女孩天性敏感，更要悉心呵护 5
让怕羞的女孩大方起来 8
教养女孩，父亲的作用同样不可忽视 10
请遵循女孩的成长规律 15
女儿不懂，妈妈要说 18
正确对待女儿的青春期懵懂 21
告诉女儿，禁果没那么好吃 25

2 女孩的心思你要猜

"心病"，用"心药"治最好 30
摸透"拗女孩"背后的原因 33

你家女孩忧郁了吗？......36
伤害孩子的自尊，是教育中的大忌......40
女儿希望收到你的礼物......44
母女多沟通，让女儿把心里话倒出来......47
让女儿知道，爸爸也很爱我......50
真正了解并关注女孩的内心需要......52

3 好心态，决定女孩好命运

女孩容易情绪化，帮助女儿摆脱干扰......56
让女儿不再孤独，快乐地融入人群......59
开阔女孩胸怀，把忌妒化为动力......61
温馨体贴，帮助女儿摆脱"失败综合征"......65
没有什么力量比自信更使女孩美丽......67
教女儿从挫折中能找到积极的精神力量......71
微笑与鼓励，会让暖意在女儿的血液中流淌......74

4 品格教育，爸妈最容易忽略的问题

让女儿多体验一下助人的温暖与快乐......78
自幼在女儿心中种下感恩的种子......80
培养女孩有节制的好品格......83

培养女孩的同情心..86
给女孩一双欣赏人的眼睛..88
教会女儿宽容...89
唤醒女儿对美的感触...91
强化女孩温柔、优雅的天性....................................94
让女孩学会关心并享受被关心.................................97
别让你的女儿太"自私"..100

5 植根礼仪，教出一个知书达理的小淑女

礼貌使有礼貌的人喜悦..104
告知女儿礼貌对自己的重要性................................106
告诉女孩，什么才是真正的淑女............................110
从着装到行为，言谈举止提亮淑女特质..................114
引导换位思考，成就懂道理的女孩儿......................116
培养女孩基本的艺术修养.......................................120
手把手，教会女孩通用中西餐具............................122
帮助女儿塑造高雅的说话方式................................127

6 习惯，决定女孩的美丽

洗掉女儿身上的"骄气" 132
正确引导女儿的爱美之心 133
读书的女孩不会变坏 136
培养孩子时间观念，做严谨的女孩 139
让女儿学会自主解决问题 141
不要代替孩子做孩子的事 145
让女儿明白"勤劳"二字的意义 149
让好习惯代替坏习惯 153
8岁~12岁女孩父母需要重点对待 156
让你的女儿爱上锻炼 159
强化女孩认真细致的天性 162

7 开发情商，送女儿一份未来的礼物

给女儿积极暗示，让她爱上自己 166
给予孩子成功的体验 169
"永远坐在前排" 172
培养全面发展的"小能人" 175
为孩子创造一个适于发展的大环境 178
你关注女儿哪种行为，哪种行为就会增多 181

孩子善于思考，还要表达出来………………………… 184
不要将"黄鹂鸟"关在自家的鸟笼里…………………… 187
激发女儿的主动性………………………………………… 190
培养女孩基本的艺术修养………………………………… 193

8 填平代沟，女孩更需要沟通

倾听女儿真正的需求是什么……………………………… 198
女儿的自尊必须维护……………………………………… 201
教育女孩，不应当面批评………………………………… 205
留给孩子自我反省的空间………………………………… 208
尊重女孩的隐私…………………………………………… 211
加强交流，增进亲子关系………………………………… 214
让女儿对自己得到的爱满足……………………………… 218
不要对女儿说过头话……………………………………… 221
别让孩子屈从于你的兴趣………………………………… 224

9 女孩子，从小就要会生活

让女孩学会以智慧和能力取胜…………………………… 230
强化女孩认真细致的天性………………………………… 233
从小培养女孩的理财观念………………………………… 236

让女儿做你的家务帮手 239
培养全面发展的孩子，要从培养动手能力开始 242
弱化女儿对父亲的依赖 245
放手给她单飞的机会 249
教给女儿适者生存的道理 252

10 引导价值取向，让女孩远离诱惑

为女儿树立正确的自我价值观念 256
引导女儿走向追求美的正确道路 260
让孩子适当了解世界的灰色面 262
莫让孩子的消费观陷入误区 265
警示她别去接天上掉下的馅饼 268
让女儿明白，什么样的女孩儿活得最有价值 272
防止女孩的攀比之心 274

1

培养女孩，
首先要走进女孩的独特世界

女孩有女孩的特质，女孩有认真、细腻、安静、合作等优点，但也可能有虚荣、怕羞、爱钻牛角尖儿等小问题。家庭可以给予女孩的最大关爱，就是要让她们感受到来自于父母的积极影响，唤醒来自于她们天性里美好的一面，以此来消融自己身上的种种弱点。

女孩有女孩的天赋，亦有女孩的不足

在男孩和女孩的生命孕育之初，就有一对染色体不同，女性的性染色体为XX，男性的性染色体为XY。可以这样说，性格差异是天然存在的，我们没有必要非要人为地泯灭这种差别。男孩有男孩的优势，女孩有女孩的强项。作为父母，我们最重要的任务是识别、尊重并且保护孩子自然而独特的成长过程。我们不需要把孩子塑造成我们心目中的样子。然而，我们有责任明智地支持孩子，帮助他们发展自己的天赋和优点。

与男孩相比，语言天赋是女孩很早就显示出的天赋之一。由于大脑结构的优势，女孩通常能够比男孩更早、更生动、更流利地使用语言。通常男孩到4岁半时才能够讲清楚自己想要表达的内容，而女孩3岁时就能做到了。等女孩到了16岁，她联系着大脑左右半球的神经纤维——胼胝体比男性大25%，这使得她的左右脑半球交流更多，更容易用语言表达情感。甚至女孩大脑内负责语言和写作的区域也更加活跃，所以，女孩能够使用更多的词汇，写作也更加生动、细腻。

正是由于女孩天生具有这种天赋，所以父母更应该积极鼓励女孩说出自己的感受和体验、表达自己的观点。在这个时期，父母是否鼓励，决定了女孩是否敢于发挥自己的语言天赋。

1 培养女孩，首先要走进女孩的独特世界

当男孩还在为写不好字而着急时，女孩已经初显心灵手巧的潜能了。女孩手的小肌肉群灵活协调的发展，使她们能够充分开发并利用"手"的功能：有些女孩对色彩比较敏感，她们很早就可以握住画笔，按照自己的意图画出喜欢的动物、花、草和小房子；有些女孩对针线、小线绳情有独钟，看到妈妈织毛衣、做针线活，她们也会找些碎布织织缝缝；有些女孩天生有一双美丽、细长的小手，特别适合弹钢琴；有些女孩对书法感兴趣，挥毫泼墨，像模像样。

当女孩画出自己的第一幅"画"、缝制出第一件"服装"、写出第一个毛笔"字"时，家长要懂得鉴赏，给予适当的褒奖。我们的目的是让女孩子对自己的优长产生喜悦之心，并把它们发展得更为充分。

另外，女孩子在艺术上也有独特的天赋。10余岁的时候，是女孩大脑中控制思维、想象、语言创造能力的物质——大脑额叶的飞速发展期。这对于女孩的一生来说，是一个绝对关键的时期。一个小女孩在10岁至12岁左右时所经历的体育运动、美术和音乐活动以及所学到的理论知识很有可能会在她以后的生活中"保持"或至少"重现"。如果你的女儿在12岁前学过弹钢琴，虽然她没有成为伟大的钢琴家，但她至少可以在以后的生活里保持乐感；如果你的女孩在12岁前读过很多书，那么她可能一生都喜欢读书。

虽然在抽象思维、做事的条理性和实践能力上，女孩稍逊于男孩，但同时她们也拥有男孩并不具备的优势。具体到每个女孩子，她们的优势与不足又有所不同，如何使自己的孩子在学习和生活中发挥最佳水平，是每个家长必须要面对的难题。

有些父母对孩子的弱项，总是耿耿于怀，因此，认为孩子这也不行那也不行。家长应该明白：有些弱项，不是孩子不努力，而是天赋决定的，即使花再多的时间和精力也不可能使弱项变成强项。

那么，如何处理弱项呢？对于孩子的弱项，进行适当弥补，使其不至于影响到全面发展，不至于影响到长项和优势的发展就可以了。

中国的不少家长普遍对孩子的弱项关注有余，对孩子的优势关注不足。在竞争如此激烈的当今社会，一个人只有靠他的能力优势来取胜，很少有人是靠他的弱项取得成功的。"全面发展"不等于"平均发展"。"全面发展"的含义应该包括：让优势更优，让弱势不太弱。

家长要明确"每个孩子都是独特的，每个孩子都是某方面的天才"。家长帮助孩子找到他自己的才智优势，找到他自己的天赋特长，支持他去做最喜欢、最擅长的事，让他自己最具竞争力的才能充分发挥出来，这才是成才、成功之道。

不少家长过多、过分地关注孩子的不足和弱项，总希望孩子什么都冒尖，什么都要第一，成天"敲打"孩子的短处。这是一种错误的教子观念在作怪。我们主张"大力扬长，适当补短"。孩子不需要我们纠正他们或使他们更好，但他们的成长需要我们的支持。我们提供肥沃的土壤，让他们优秀的种子发芽生长。

女孩天性敏感，更要悉心呵护

女孩子天生就是敏感的，从四五岁开始，当同龄的男孩子还在拿着玩具枪扮酷的时候，她们已经能够清楚地认识到自己和周围世界的联系，比如，谁在保护我，谁能伤害我，他们之间的关系又是怎样的等。

朵朵是幼儿园大班的学生。不知道从什么时候起，她开始时时刻刻观察妈妈的表情，总是让妈妈笑。不管在什么情况下，妈妈没了笑容，她就要嚷嚷："妈妈又不笑了。"当妈妈勉强、应付地笑一下时，她也能感觉到妈妈的不开心，追着问："妈妈为什么跟别人说话都笑眯眯的，跟我说话就不笑？"这给了妈妈很大压力。朵朵生在一个普通的工薪家庭，而且父母已经离异，朵朵随着妈妈生活，朵朵妈一直觉得生活的压力很重，感觉有些喘不过气来，可朵朵偏偏如此敏感、随时都需要妈妈的关爱。不管写作业还是玩儿，总希望妈妈同她一起做，比她快了不行，慢了也不行，让她没新鲜感还不行。因此，妈妈很烦，也很着急。

点点从小就对别人的态度很在意，有时对她说话声音大一点她就会哭；作为女孩子，她没有勇气与厉害一点的小朋友一起玩，别人偶尔抢一次她的布娃娃，她就再也不理人家了。上幼儿园后，她是不是想去幼儿园，完全取决于幼儿园老师、小朋友对她的态度，如此敏感的女孩子，让点点妈感到大为担忧——这个样子长大了可怎么办啊？

上面这两个事例都谈到了女孩的敏感性，可以说，敏感性是女孩具有的一种特质，就像是男孩子天生喜欢打打闹闹一样，敏感性就属于女孩子情绪之中的一份。

女孩子的敏感性，主要体现在家庭中。

家庭关系不和谐，尤其是父母之间关系不和谐，会使女孩长期处于恐惧焦虑和无所适从的状态，这会严重地影响女孩的身心发育。科学家研究表明，经常忧心忡忡、整天生活在紧张焦虑情绪中的女孩，会比具有快乐稳定情绪的女孩身材矮小，她们成年后身高一般低于其他同龄女性。美国儿童精神病专家丹尼尔·派恩和他的同事，10年中跟踪调查了纽约州760名儿童，他们发现经常处于焦虑状态的女孩成年后一般要比别人矮5厘米，她们将来身高超过165厘米的可能性要比其他女孩低一半。英国研究人员证明，儿童期忧虑可以影响一个人的身高。那些长期担心同父母分离或担心不被身边的人所喜欢的小姑娘可能会因此而造成身体的内分泌紊乱。

家长们不要以为孩子是懵懂无知的，她们的内心世界其实很丰富，甚至于比成年人的内心还要多愁善感。7岁后的女孩已有许多担心的事情，如父母关系、家庭经济、自己的容貌等。做父母的，既然把她们带到这个世界上，又怎能不尽心尽力培育她们成长呢？如果说孩子是一颗种子，那么家庭就是土壤，家庭氛围便是空气和水分。健康、和谐的家庭关系是父母给予女儿爱的证明和保证，这是女孩最需要的安慰，也是女孩幸福感、安全感的源泉。对于女孩的健康成长来说，父母送给她再珍贵的礼物，都不如为她营造一种健康、和谐的家庭关系。

家庭成员之间的人际关系决定了家庭心理氛围和家庭的稳定程度。现代家庭中的亲子关系既是长辈和晚辈的关系，也是伙伴和朋友的关系，从前者看，父母要爱子女，关心他们的成长，帮助他们克服困难，树立信心。子女对父母要尊重和爱戴。从后者看，父母与子女之间应该平等，相互尊重，特别是父母应该尊重孩子的人格。夫妻之间更应该相互理解，共同承担起家务和教育子女的责任。家庭人际关系的和睦有利于家庭成员的心理相容，避免心理冲突，使家庭成员的心理健康水平不断提高。

为了给女孩子一个良好的成长环境，家长们还应该注意对孩子不要期望值过高，求全责备。父母对孩子的期望，能使孩子感受到父母的关心和爱，是激发孩子积极向上的动力。但脱离孩子实际水平的过高期望，会造成家庭教育对孩子的一种高压状态，一旦孩子达不到父母的要求，父母便失望、埋怨甚至打骂，影响家庭和谐的心理氛围。因此，父母应实事求是地调整对孩子的期望，要为孩子的幸福成长着想。

家庭氛围和谐、美好，女孩所看到的世界就是明亮的、健康的，同时，这些美好的感情也会反过来影响她的内心，使她拥有快乐自信的个性。如果女孩小时候就深陷于矛盾重重的关系中，从小就对感情持怀疑态度，那么，她对爱的需求永远都不会得到满足；如果女孩从小就没有见过美好、宽容的感情，她往往也不会用正常的心态与他人相处。

让怕羞的女孩大方起来

　　人们常说"女孩子都是怕羞的"，的确，在一些陌生的或者人多的场合，女孩子不像男孩子那么自然大方、无所顾忌。这里面有先天的性别差异，也和父母的教养有很大的关系。有些女孩子，刚刚有些害羞的倾向，就被父母贴上了一个"怕羞"的标签，于是，女孩子更加不自信，更加害怕在人前的表达。小雨是个腼腆的孩子，人多的时候，让她说句话唱个歌什么的，她不是支支吾吾不开口，就是哭着跑开了。因此，爸爸每次带小雨出门，回家后都少不了批评她一顿："你怎么这么不争气，连句完整话都说不出来。"这以后，为了避免尴尬场面，爸爸越来越少带小雨出门了。

　　孩子之所以会形成腼腆内向的性格，与父母的少鼓励、多指责有很大关系。腼腆的孩子一般都会自信心不足，父母一味地指责只会让孩子的自信心再次受到打击。可以想象，一个自信心严重受创的小女孩，又怎么可能变得开朗大方呢？有很多爱怕生的女孩的家长，在孩子给自己"丢面子"时（比如让孩子招呼人却没有招呼），都会赶紧向对方解释，"我女儿太腼腆"或"她是我们家脸皮最薄的"。殊不知，这种当着孩子的面说孩子害羞是十分不妥的。这就好似给孩子贴上了一个"害羞"的标签，当这种"我是害羞的"的意识深深植入孩子的内心，她就会认为自己就是这个样子了,以后她还会利用这个标识来逃避不喜欢的人——这时,害羞就成为了小女孩一种有意识的行为。

要改变这种状况,当父母的首先要改变自己的心态,正确地对待小女孩怕羞的问题。有些家长看到别人家的女孩子说话大大方方,响亮清脆,而自己的女儿却扭捏着不愿意吭声,心里就又气又急,其实,这是完全不必要的。

美国心理学家沃伦·琼斯认为,害羞虽然是一个人的弱点,但害羞的人比较聪明、可靠、讨人喜欢,更能体谅别人。而且,害羞的孩子虽然看起来少言寡语,但勤于思考、善于行动、能吃苦耐劳、更富有创造性和实干精神,成年后也不会说长道短、搬弄是非,因而多能受到他人的信任。

因此,对于孩子那些程度不是特别严重、只是在较短一段时间内存在的"害羞"行为,父母没有必要过于担忧。如果孩子的害羞相当严重,而且既不是只在某些特殊情境,也不是只在一段较短的时期内出现,有可能影响了以后的社会交往和事业时,父母可以耐心地帮助他们进行矫正,需要注意的几点是:

1. 我们要让孩子生活在一个宽松的环境之中,让孩子感到周围的人都很亲切可以接近。对这些孩子说话时语调要和缓,态度要和蔼,情绪要平稳,孩子在无心理压力的气氛中,其怕羞的特点容易得到矫正。

2. 要逐渐扩大孩子的交往范围,教给她交往的技能。必要时还要做好她所交往的人的工作,让他们主动些,千方百计地增强孩子的自信心。千万不要在孩子无思想准备的情况下给她出难题,要让她在有充分把握时,有准备地当众显示自己的能力,获得周围的人认可、赞扬,从而树立起自信心。

3. 有的时候要吸引怕羞的孩子参加一些集体活动。可以让她们与年岁小些的孩子一起活动，这样她们就不会感到羞怯，愿意扮演有能力、有经验的角色。她们感到自己比小的孩子更优越，乐意帮助他们解决困难，显露自己平时不敢流露的才能和交往技巧。

哪怕孩子只有微小的进步，父母也不要吝啬自己的表扬；哪怕孩子的表现还没有达到你的要求，也要力求表扬到位。父母的表扬，不仅是对孩子的认可和鼓励，更能促使孩子向着更好的方向发展。

总之，只要我们用心地去教育和培养，怕羞的孩子会逐渐大方、活跃起来。

要想让女孩告别害羞、告别腼腆，父母就必须给予她更多与他人接触的锻炼机会。这其中，做客就是最直接、最有效的一种方式。做客前，父母应先向女儿介绍一下造访的对象，让孩子有必要的心理准备。比如，可以这样鼓励孩子："王阿姨特别想见你，她们家还有一个小哥哥，他有很多玩具，一直都想跟你一起玩。"诸如此类的话，可以帮助孩子消除陌生感，树立信心。

教养女孩，父亲的作用同样不可忽视

作为父亲，同样有用自己喜爱的方式教育孩子的权利。合格的家长，应该认识到父亲对于孩子有着不可替代的正面影响，而那正是母亲们力量的空白点。

1 培养女孩，首先要走进女孩的独特世界

在我们每一个家庭中，孩子的早期生活中以母亲为主导的居多。当一个幼小的生命诞生后，妈妈以其温柔细致的女性特征，一手负责起孩子的吃喝拉撒睡，有时候，父亲倒像是一个旁观者。等孩子逐渐长大的时候，妈妈便自然而然地介入她的生活与学习教育中去了，爸爸因为最初关注的就少，此时就有些插不上手。他们可以自称是在"把握方向"，其实，孩子在根本上还是由母亲管理的。对于有女孩的家庭，这种现象更为常见，有很多妈妈会认为，教养女儿是自己的责任，爸爸尽可以做他自己的事情去。

当女人成为了母亲之后，她们天性中的爱心与细致就会被充分激发出来。她们给自己的孩子无微不至的关怀，不相信其他任何一个人能像自己那样照顾好孩子，即使是她的父亲。很多母亲都有这样的经验：当孩子被爸爸带出去的时候，她会担心丈夫会不会知道给孩子加减衣服，会不会让孩子吃过多的冷饮而拉肚子，会不会摔了她、碰了她。仿佛丈夫在带孩子方面十分无知，总是会出现这样或那样的问题。

其实，女性完全不必如此。孩子需要多方面的成长体验。只有女人才知道如何做个好妈妈，也只有男人才知道该如何做个称职的爸爸。因此，如果女人想指挥她的丈夫如何才能做个好父亲，她是没有发言权的，更谈不上控制了，因为这是她完全不熟悉的领域。小李是一家公司的职员，而她的丈夫却是军人出身，他们的女儿刚刚上小学，两个人在教育孩子的问题上常有分歧。小李很担心丈夫总是没有时间陪孩子而让她的行动过于自由，同时，她也希望丈夫能对孩子温柔点儿，因为丈夫总是带着孩子打网球或者长跑，而小李并不赞同这种做法。

通过对专家的心理咨询，小李意识到如果她干涉丈夫与孩子

交流，那么她就害了全家。因为，作为父亲，如果他受到管束和指责，那么他会变得很暴躁，而孩子却需要一个能够带来快乐和安宁的父亲。每个家庭都是一个不可分割的整体，每个女性都要把丈夫作为父亲的权利还给他，也许他粗心大意，不能尽善尽美地保护好孩子，但话又说回来，妈妈也不能保证孩子万无一失呀！在人类丰富而复杂的感情世界里，父爱同母爱一样，是一个很重要的因素，也是一种伟大而崇高的爱。没有父爱的家庭会严重地影响孩子的身心健康，父爱缺失的孩子大多缺乏自信、意志薄弱，常表现出自卑的情感素质和性格特征。父爱是一种深沉、严肃的爱，父爱的眼里更多地考虑孩子的未来。

其实，对女孩本身来说，她们也大多渴望父亲的疼爱，这是因为从父亲那里可以得到安全感。女孩在遇到困难和挫折时，如能得到父亲的爱护和关心，定会感到莫大的安慰。母爱可以使人变得温柔，而父爱则使人变得刚强、坚毅。父亲的角色是任何人都无法替代的。

据观察和研究证明，母爱与父爱对儿童的智力影响是有差异的。孩子从母亲那里可以更多地接受语言、日常生活知识、物品用途、玩具的一般使用方法等方面的知识。而父亲会给予孩子更丰富、更广阔的知识。父亲通过与孩子共同操作、探索多种形式的活动、游戏，可以培养孩子的动手操作能力、创新意识，促进孩子求知欲、好奇心的发展。一项追踪研究发现，凡与父亲在一起交往机会多的儿童，其智力水平更高。由此可见，"亲情关系向母性群体倾斜"，是一种不利于儿童健康发展的现象，应该引起我们家长的警惕。

对于母亲来说，不要认为自己在家务和养育孩子方面比丈夫

1 培养女孩，首先要走进女孩的独特世界

付出的多，就剥夺了他对于教育女儿的发言权，要知道，父亲可以给女儿的东西，是母亲的力量所达不到的。同时，父亲不要轻易放弃自己应尽的责任和义务，多给孩子一些父爱。在家务琐事上，父亲应自觉地帮助妻子，这样不但会赢得孩子的尊敬，而且会使夫妻有更多的时间和精力抚养教育孩子。

在我们的家庭中，父亲往往对于女儿的教养关注较少，这一方面是由于母亲的干涉——她们认为，对于女儿的教养，父亲发挥不了多大的作用；另一方面，父亲自己也有困惑，他们不知道自己可以为女儿提供什么。

很多爸爸会说，女儿与儿子不同，与儿子在一起，我可以和他玩警察抓小偷的游戏，可以玩打枪的游戏。但是与女儿在一起，我不可能跟她玩"过家家"、玩跳皮筋吧？

其实，爸爸没有必要与女儿玩"过家家"之类的游戏，但可以和女儿在一起从事很多"工作"。一位已经成年的女儿很怀念地描述了她和父亲在一起的情景：

小时候，爸爸常会想出一些好的能够消磨时光的事情，比如集邮、集币之类的事情，叫我跟他一起忙。一方面，是为了培养我的兴趣；另一方面，更是创造我们父女可以在一起的机会。有超过一半的女儿回忆，她们在父亲那里获得了更为丰富的知识，尤其是在历史、自然科学以及国际关系等女孩通常不感兴趣的学科方面。一般来说，妈妈表达爱的机会更多，妈妈给予女儿的是一种无条件的爱。而爸爸则不同，他只有在女儿取得成绩的时候才把爱作为一种奖励给她。如果女孩有一位关注她、指导她，并善于表达自己情感的父亲，那么女孩在父亲的关注和鼓励下，就会有兴趣涉足对她来说完全陌生的领域，并取得飞速的进步。在

生活中，有很多知识面广、分析能力强、做事自信的女性，就是得益于父亲的影响。

在一个女孩的成长过程中，她的个性、气质、人生观的形成，父亲的影响也是不可替代的。

在女儿的生命中，父亲是第一个男性，女儿对于男性的认知和理解都来自于父亲这个"范例"，而且，很长时间内，父亲这个范例是最具有权威、最可信赖的。

父亲是否具有责任感，是否爱家，是否果敢、镇定，是否智慧、博学，都会影响着女儿对异性最初的评价。生活中的父亲的形象，会让阅历缺乏、自主判断尚未形成的女儿产生男人都是这样的人，或者男人应该成为这样的人的想法。这将直接影响到女儿对异性的期待。

相关研究表明，父亲是女儿将来择偶的重要参照，如果父亲给女儿的印象是正面的、温暖的，女儿就会寻找和父亲近似的男性为偶；如果父亲给女儿的印象是负面的、冷漠的，女儿要么会对异性失望、对婚姻生活冷淡，要么就会走极端，男性只要对她有一点好，就可以一美遮百丑。

尽管随着女儿的长大，会有父亲之外的男性形象影响着她，但是父亲的影响却是对女儿最初的和最基本的影响。

通常，女儿更在乎父亲的评价，更渴望来自于父亲的关注和赞美。在家庭中，若能得到父亲的关注、认可，女儿更容易开朗和自信；相反，如果女儿感受不到父亲的关注和认可，女儿就会感到自己被冷落、不重要、不可爱，从而变得自卑和孤僻。

无论男性还是女性，都有其各自的魅力和气质，一个人的性别气质和魅力早早就显示出来了，在青春期前就很明显了，在青春期基本成型，然后随着年龄的增长，不断地完善。两种性别的气质是相互对应的，一方就像另一方的镜子。而女儿最早的镜子就是自己的父亲，如果父亲对女儿的着装、举止等有关性别色彩的方面，毫不注意或者有所压制，女儿就会在女性气质的建立方面落后于人；如果父亲经常适时地发表自己的意见，女儿就更容易认同和重视自己的性别角色，更容易形成自己的女性魅力。

"女儿是妈妈的贴身小棉袄"，"女儿大了自然就会和爸爸疏远"，这是我们常常能听到的描述女儿与父母之间关系的话。但是，心理学家却指出，尽管母亲在生活层面上更多地影响了女儿，父亲却会对女儿的性格和一生的幸福有着至关重要的影响。

有很多的父亲在女儿的成长之旅中是缺席的或者不充分的。有的父亲就不懂得跟女儿相处，其实，即便不能和女儿成为玩伴，只要能更多地陪伴和关注女儿也是可以的。有的父亲说，自己平时太忙了，而事实上，"忙"是相对的。最根本的原因还在于对父亲角色作用缺乏认知和重视。

请遵循女孩的成长规律

女孩和女孩之间也是不同的，有的女孩天性好静，有的则天性好动，我们绝不可以拿相同的模式去约束她们。贝贝是小学四年级的学生，她的父母一直从事家电零售行业，这些年来他们辛辛苦苦地工作，攒钱在城市中的高档住宅小区买了一套复式楼房，一家人高高兴兴地搬进新居。

贝贝的妈妈发现，在这里进进出出的女人，无论年纪大小，都斯文有礼、气质高雅，就连那些十多岁的小女孩，也都穿着美丽的裙子，安安静静，像小公主似的。回头一想，自己的女儿贝贝却活泼好动，一天到晚，像个野小子，这会不会招人笑话呢？

回到家里，妈妈就和贝贝约法三章：第一，以后走路脚步要轻，不要蹦蹦跳跳，不要东张西望；第二，说话要文静，有什么想法，要轻声细语地说出来，高兴时也不要大叫大嚷，张着大嘴傻笑；第三，以后星期天不要去体育馆学游泳了，改在家里找教师练钢琴。妈妈告诉贝贝，你已经是大姑娘了，要学做淑女，并且答应她，做得好了，妈妈暑假里将带她去香港玩一圈儿。

刚开始时，贝贝还有些新鲜劲儿，几天过后就受不了了，可每当她想要舒展一下身子的时候，就会碰到妈妈严厉的目光。于是，贝贝蔫了，不得不按照妈妈的要求去做，内心里却觉得这种"淑女的样子"讨厌透顶，就是家里这套漂亮的大房子，也不如以前的旧楼可爱。一段时间下来，贝贝的精神和胃口都不如以前好，连学习成绩也下降了。妈妈这才真正着急起来，她也很疑惑：难道我对女儿的教育方法有什么不妥吗？的确是的，要知道，女孩和女孩之间也是不同的，有的女孩天性好静，有的则天性好动，我们不可以拿相同的模式去约束她们。用强制的手段，硬要让一个性格外向、精力充沛的女孩子变成一个安静的小淑女，这并不是一个好的办法。

很多人常把淑女和文雅、娇柔联系起来，但是每个女孩子的个性是与生俱来的，家长没有必要刻意去改变。关键是要培养孩子具有善良、宽容、大气的好品格，这才是真正的淑女气质。比如，有些小女孩，穿得干干净净、漂漂亮亮，可是到别人家做客，总是毫不吝惜地将鞋子往地毯上踩；在公共场合，别人不小心碰了她一下，就像受了多大委屈似的避之不及，这样也算是淑女吗？

更重要的是，有时候"扮淑女"是父母的要求，而不是孩子本身的意愿，那些严格的条条框框，会让她们觉得委屈和不甘心，长此以往，就可能激起她们的逆反心理，与父母对着干，定要做出些出格事儿来给父母看看。

做父母的，要遵循女孩子正常的成长规律，不要过早地把她拉入到成人的世界里。大人眼中的"随便"，可能正是孩子天性的一种体现。如果我们总是叮嘱孩子这个要当心，那个不能碰，结果孩子乖是乖了，但是少了儿童特有的活泼劲儿，对于她们的身心发展，是一种严重的戕害。

心理学家提示：我们不能把小女孩看作一个小大人一样来对她开玩笑，如，"你长大后打算找一个什么样的男朋友呀？"或者，称她为小淑女，并希望她的行为像大人一样，这通常都会使这一年龄段的女孩感到困惑或不知所措。很有可能，她会过早地被带到成人的世界里，而偏离自己应有的成长轨道。

女儿不懂，妈妈要说

当女儿呱呱坠地，用响亮的声音向世界宣告了她的到来，当护士小姐告诉你生下的是个女孩时，做妈妈的在喜悦的同时，难免会有一点隐隐的小担忧。当然，这种担忧不是因为重男轻女不喜欢孩子，而是同样身为女人的妈妈知道，和男孩相比，做一个女孩必然要经历多一些小麻烦，所以，为了让孩子能够更加快乐地生活在这个世界上，妈妈就要把每个女人都必然会经历的小麻烦告诉她，让她做好准备，别被这些小麻烦所困扰。

一个女孩，长得很漂亮，个子也很高，从前面看就是一个亭亭玉立的小姑娘，但是再从后面或者侧面看，就很不好看了，她因为总是哈腰含胸，所以时间长了之后就有些驼背了！一个花季小姑娘，居然是个驼背，这是一件多么令人惋惜的事情啊！这个女孩长大之后，因为驼背的问题很难找到心仪的男朋友，给她造成了很大的困扰。有一次，这个女孩在同学会上很懊恼地对女同学说："哎，都怪当时年纪小，总觉得在别的女孩子的胸部都没有发育的时候自己的胸部先鼓起来是一件很丢人的事，所以总是哈腰含胸，结果影响了身体的正常发育，到现在都矫正不过来。"

还有一个女孩，同样长得很漂亮，但是却一直很自卑，因为和其他人相比，她的胸部实在是太小了，为此她还被几个同事嘲笑为"太平公主",这当然不是一个什么好词语。她不知道有多难过,她试过很多种方法试图让胸部丰满起来,但总是收效甚微。有一次她对闺密说,大约是因为她在13岁的时候因为胸部发育觉得不好意思而用布条把胸部绑起来造成发育不完全,现在想想真是后悔啊!

如果您有一个处于青春期的如花似玉的女儿,请不要忘记在为其骄傲的同时,还应认真履行自己作为母亲的责任。青春期特殊的生理变化,常常会给少女带来一些心理上的变化。此时,她们非常需要别人的帮助,帮助她们解除对自己身体变化的困惑,帮助她们适应自己身体的变化,帮助她们重新看待长大了的自己。

那么,具体来说,妈妈应该为女儿做点什么呢?

1. 告诉女儿乳房发育不是难看的事

面对身体上的变化,孩子可能会觉得恐慌甚至不知所措,做妈妈的就要多与孩子沟通,了解孩子的心理状态。如果孩子因为身体上的变化而出现心理上的不适,妈妈就要及时地开导孩子。首先要告诉孩子,乳房发育是每个女孩子都会经历的事情,完全没有必要担心。其次要告诉孩子正确面对周围人的眼光,别人的闲言碎语只是因为她们的无知,千万不要太过在意。

2. 告诉女儿不要因为难为情而刻意掩饰

很多女孩子会因为胸部鼓起来而害羞,胸部发育是女孩子美的体现,为什么要掩饰呢?当然,这些大人们都明白的道理可能到了孩子那里就说不通了。所以,妈妈要及时地引导女儿,发现女儿有弯腰含胸掩饰隆起的胸部的行为时,就要告诉她由此造成的后果。有些女孩会因胸部隆起而出现性格上的转变,变得害羞内向,妈妈要告诉孩子,胸部发育是一件值得骄傲的事情,引导孩子走出阴霾。

3. 将一些保护胸部的小秘密告诉孩子

相比女儿来说，妈妈在胸部护理上可以称得上一位专家了，将自己的心得或者护理妙招告诉孩子，让孩子更加健康地成长，这是很有必要的。

4. 告诉孩子月经并不是那么讨厌

很多女孩子会觉得月经很麻烦，月经来了，除了身体容易困乏、小腹有些不舒服之外，还要用透气的卫生巾，不能冲凉……这也不能，那也不能，还要提防侧漏带来的尴尬，要是没有月经多好啊！如果孩子有了这样的想法，妈妈就要告诉孩子月经是怎样形成的，为什么女人一定要来月经以及月经对女人的重要性，将这些一一讲解清楚，孩子就不会再讨厌月经了。

5. 告诉孩子怎样在月经期做好身体护理

孩子大多意志力薄弱，吃什么干什么总由着自己的性子来，如果是处在月经期，很可能会对孩子的身体造成伤害，面对这种情况，妈妈一定要告诉孩子如何做好身体护理，并且对孩子晓以利害，让孩子从小就养成良好的护理习惯，这会让她一生受益。

女孩在月经期间，身体抵抗力降低，生殖器官的防御机能减弱，细菌容易侵入，应教育女儿养成良好的经期卫生习惯，以防发生妇科病。还要告诉女儿，经期常会有一些身体和精神方面的改变，如下腹部坠胀、乳房胀痛、情绪不稳、容易生气、急躁或疲劳嗜睡等，这都属于正常情况，待月经过后这些症状会自然消失。如果月经量过多，月经时间过长，或经期腹痛剧烈，应及时进行检查和治疗。还要告诉女儿，月经期间向老师说明，可以不参加剧烈的体育运动和重体力劳动。

当然，除了上面所说的一些女孩子必然会遭遇的小麻烦之外，妈妈还必须让女儿明白，伴随着年龄的增长，她还会遇到各种各样的小问题和小麻烦，这都是生命过程中必然会经历的，不是她一个人的专利，一个良好积极的生活态度会让女孩轻易解决这些小问题和小麻烦。

青春期的女孩在生理方面发生了"质的变化"，这些变化让有些女孩惊慌失措，假如没有父母，尤其是妈妈的适时帮助，就很有可能会引发孩子的心理问题。所以，作为青春期女孩的父母，一定要多了解一些青春期孩子的生理现象，及时帮助孩子解开生理困惑，让孩子在这个如鲜花般美丽的季节里健康地绽放。

正确对待女儿的青春期懵懂

女孩子进入花季雨季，总是免不了有青春的爱情萌动，这时妈妈要正确引导女孩的情感走向，不要让女孩子在感情中失控。要告诉女孩子，学会控制自己的感情，可以不那么尖锐偏激，可以不那么柔软可欺，同时，不要因为感情丧失自我判断力。

暗恋心仪的男生，对于正处在花季雨季的女孩来说，是很普遍的现象。青春期是女孩情窦初开的时节，随着身体性器官的发育成熟，出于人类生殖本能的需要，女孩们不由自主地开始关注起异性。暗恋是女孩最早出现的关注异性的表现，也是女孩很常见的一种感情寄托方式。

对于情窦初开的女孩们来说，青春期阶段的暗恋往往是她们在心中为自己编织的一个爱情梦，对于多数女孩来说，暗恋一般不会对情绪带来很大的负面影响，而且当暗恋的对象是某个学习优秀的学生或者某科的教师时，这种暗恋还可以成为学习上的一种动力。但是有一些性格内向且过于喜欢幻想的女孩，却容易把暗恋的幻想与现实生活混淆在一起，因为分不清幻想与现实的区别，把幻想当成了现实，误以为那个被自己加诸了幻想的异性，是自己最理想的爱侣，不去表白害怕错过了最好的机会，说出口后害怕被拒绝、自己会失望，因而沉浸在暗恋的心理冲突之中不能自拔，这种痛苦往往会影响到女孩的学习状态。对于这类陷入暗恋苦恼中的女孩，父母应及时给予心理上的帮助。

青春期的女孩对他人的认知还处于表面的非本质的认识层面，当她们被一个人的外表吸引后，就会用自己的想象，把各种优秀的品质加诸在自己喜欢的那个人身上。因为她们还没有能力意识到想象与现实根本不是一回事，于是越想象越觉得对方可爱。由于青春期女孩对爱情一知半解，她们就会把这种幻想当成是爱情。而由此产生的想爱又害怕得不到的矛盾，使她们陷入了暗恋的苦恼之中。

正在读高一的蕊蕊，学习成绩在班里总排在前几名。可最近父母却发现她的情绪有点不稳定，忽而精神恍惚，不爱说话，忽而又神采奕奕，满脸幸福的样子，而且整天神神秘秘地在自己的房间里写东西，学习成绩也有些下滑。父母都很着急，但由于两个人工作都很忙，一直没时间和女儿沟通。

一天，妈妈发现其在日记中写道：我喜欢上了我们班的一个男生，他很帅，会打篮球，而且很开朗。班上很多女同学都很喜欢他。但他好像只喜欢我，这让我很自豪，觉得在同学朋友面前很有面子。班上的同学经常议论我们俩，而且经常起哄，说我们俩在谈恋爱。这让我又喜又忧的。今天他居然跟我表白了，我内心很矛盾。自己确实很喜欢他，但是又怕真的在一起之后影响了我们的学习，我知道爸爸妈妈对我的期望很高。可是，我还是答应了。我们就这样在一起了。我发现自己越来越喜欢他了。一分钟见不到他我就心神不宁的，感觉很想念，上课也忍不住去看他，下了课就赶紧找他去散步、聊天。

看到这篇日记，妈妈自然很是生气，可是她不知道该怎么做。训孩子，孩子正在叛逆期；不训她，难道让她如此下去吗？

女孩早恋的发生往往具有一定的原因，这些原因往往是多方面的、复杂的，有生理和心理原因、家庭原因，也有学校原因和社会原因。中学阶段的孩子除身高和体重急剧增加外，性成熟也是其生理发育的一个显著特征，这时候的少男少女互相爱慕是一种很自然的情感流露。故不能为了"防微杜渐"而机械地用这些教条去对号入座，而要善于发现早恋的先兆，如在学习、劳动、课外活动中有异常表现；学习成绩突然下降，经常旷课、迟到早退，甚至逃学，情绪不稳，时而春风得意，时而乌云满天，坐立不安，心神不定，上课思想不集中；对老师、家长反感，从而回避他们，喜欢打扮、讲究发型、衣着，爱看言情小说，等等。

其实，随着生理的迅速发育成熟，性知识的不断增长，女孩和男孩之间会出现一个产生好感，互相接近的向往异性期，这是正常的成长历程。但这期间男孩女孩的交往并不一定就是真正的恋爱。这种交往或好感多半是心理的需要。有的时候女孩一旦找到钟情者，就容易倾心于他，喜欢悄悄地观察他，开始用欣赏或友好的态度与他交往，有意无意地渴望他成为自己最亲密的朋友，有时也会尝试去吸引他，希望得到对方的赞赏。所有这些，都是这个年龄段健康而正常的感情体验。

所以，这个阶段的女孩不必因为喜欢谁或幻想谁而感到内疚、不安，妈妈也不必感到手足无措。妈妈们可以这样做：

1. 及时发现，善于引导

一般认为，早恋发现得越早，解决起来就越容易。及时、准确地确定是否有早恋行为是很关键的一步。我们可以从孩子的行为变化中观察到异常表现，出现"早恋"意识的女孩往往是在感情上比较空虚的女孩，她们要不就是在家里没有得到妈妈们的关怀与呵护，要不就是在学习成绩上不是很理想，也有一部分学生是因为学习上的压力太大了，在有了这些认知之后当我们面对他们的时候就会多一些理解，要积极地去引导女孩。

2. 转变观念，耐心教育

不要一上来就以训斥的口吻教育女孩，因为青春期的女孩叛逆心理都很强，否则会产生相反的效果。中学生关注异性，被异性吸引，是她们生长发育过程中很正常、很自然的事情，这一事实告诉我们，女孩已经长大了，让她们也认识到这是一个很自然的过程。

3. 爱欲分流法

精神分析学派认为，一个人的生命能量"力比多"是不断流动的。青春期急剧增长的"力比多"在体内找不到合适的通道，便会淤积于体内某一处或泛滥、外流。单相思便是"力比多"在体内集中投注于某一个的结果。这种爱欲的淤积会导致心理的不平衡。当单相思者越把爱欲投注于一个人的时候，这个人的光环就越艳丽多彩，甚至连那个人的缺点也成了魅力所在。如果能把这种爱欲分流，从而导致新的心理平衡，单相思者就能渐渐从单相思的泥沼中走出来。

4.理性看待

女孩心理尚未完全成熟，单恋现象比较常见，且较多地出现性格内向、敏感、富于幻想、自卑感强。首先是自己爱上了对方，于是也希望得到对方的爱，在这种具有弥散作用的心理支配下，就会把对方的亲切和蔼、热情大方当作爱的表示，并坚信不移，从而陷入单恋的深渊，不能自拔。

告诉女儿，禁果没那么好吃

时光流逝，不知不觉之中孩子已经出落成一个亭亭玉立的大姑娘，容貌精致，身材高挑。这个时候，孩子可能已经开始收到一些男孩的示爱的信件或者其他表示，而孩子的心目中可能也已经有了倾心的男孩子，或许他们有天会开始交往，像真正的恋人那样相处，这是难以避免的，每个女孩子都会经历这一步。但家长应该提醒女孩保持清醒的头脑，不要做出越轨的事情。毕竟，她还很年轻，未来对她来说还如同白纸一般，心理也并未成熟，对自己真正想要什么并不清楚。她的恋爱往往是因为对异性好奇，希望得到异性的青睐。还有，现在的年轻人中流行早恋，而青少年又容易从众，当恋爱成为风潮时，自然自己也会想找一个男朋友，而这个男朋友，可能并不适合她。

近些年来，我们从电视、报纸等新闻媒体上看到的未婚先孕、早恋酿成恶果的新闻也越来越多。孩子还小，可能不清楚"未婚先孕"、"堕胎"这些词对女孩而言意味着什么。一个女孩子有这些经历会被未来的丈夫歧视、会在街坊邻居面前抬不起头、人们在背后永远都会对她议论纷纷，父母同样也会因为她的这段经历而颜面尽失，同样还有对她身体的伤害，一个女孩子很可能会因为堕胎而永远无法再孕育孩子！

小雪是个很漂亮也很独立的女孩，从小学到初中，小雪的成绩一直都是名列前茅的，小雪的父母提起自己家的孩子就觉得很骄傲，但是这种局面并没有持续很久，小雪自从考上了重点高中之后情况便发生了极大的变化。

放眼全班，几乎全是优等生，而小雪的成绩也就是个中等而已。这让从小就生活在光环中的小雪很不适应，她开始变得消沉起来，这时候，一个男孩子走到了她的身边。男孩叫罗浩，是全班成绩数一数二的男孩子，罗浩对小雪很关心，经常帮助小雪解决学习上的问题，有时候小雪在生活上遇到什么困难也会向罗浩求助，罗浩都会毫无怨言地帮她解决。渐渐地，小雪与罗浩演变成了男女朋友的关系，他们一起学习，也经常暗递情书，周末的时候是他们最开心的时刻，因为那时候小雪便会与罗浩到公园、电影院等一切适合约会的地方进行约会。

青春萌动的罗浩很快便对小雪提出了性要求，开始的时候小雪很害怕，最终拒绝了他，罗浩很是失望，情绪也不好了，这让

1 培养女孩，首先要走进女孩的独特世界

小雪心怀忐忑了一个星期。后来他又连续纠缠了小雪好几次，并表示以后自己一定会和小雪结婚的，小雪终于还是心软了，在一家小旅馆里把自己全部交给了他。

罗浩食髓知味，每隔一段时间就要和小雪亲热一番，没过多久，小雪就发现自己怀孕了。当她把这个消息告诉罗浩时，两个人都吓坏了，他们还是高中生，怎么可能生孩子呢？但是他们又不敢和父母说，于是罗浩便带着小雪去了一家小诊所，通过口服药物让孩子流了下来。小雪很害怕地哭了，罗浩安慰她自己会一直在她的身边。但是小雪还是很快就吃到了苦果，她每隔一段时间就会觉得小腹隐痛。有一次在家里居然还疼得晕了过去。爸爸妈妈把她送到医院一诊断，这才发现了小雪已经因为流产不完全而造成终身无法生育的事实。小雪父母勃然大怒，让罗浩的父母负起责任，罗浩信誓旦旦地表示自己以后一定会娶小雪。就这样小雪在经过了一年的治疗之后重新回到了学校，但是这个时候她已经没有心思再学习，在高考落榜之后便选择了打工，一门心思地等罗浩毕业之后结婚。

但是几年过去之后，罗浩竟然同小雪提了分手的要求，因为他的父母希望能抱上孙子。而他自己，也喜欢上了别的女孩，小雪难过得痛哭流涕，却一点办法也没有。

小雪的教训并不是最惨痛的，女孩子因为偷吃禁果，进而堕胎造成终身不育的例子实在是数不胜数，这样的女孩子不仅仅失去了孕育孩子的机会，还会因为自己年轻时犯的错误而承受心理上的折磨。家有女孩初长成，家长一定要告诉她们，在和男孩子的交往中一定要学会把握尺度，珍爱自己的身体，因为对男孩子而言可能偷吃一次禁果是不足为道的事情，但是这对女孩子以后

的生活则会造成重大且不可逆转的影响。家长必须让孩子记住自己的话：守住自己的底线！一个懂得爱自己的人，生活才会爱你。

家长还应怎么做呢？

1. 告诉她女孩子和男孩子的不同

由于女孩子特殊的生理结构，在两性交往中，女孩子往往容易成为受伤害的对象。妈妈要告诉孩子，如果不能把握好自己年轻的冲动，那么结果是她难以预料的。男孩子可以轻松地拍拍屁股走人，女孩子却要面临身体和心灵的双重伤害。

2. 让她明白偷吃禁果的严重性

如果女孩子因为年少无知而犯错，那么不仅会对自己的身体造成伤害，还会造成无法弥合的心灵创伤。妈妈可以通过举例告诉孩子偷吃禁果可能会把一个女孩子推入人生的谷底，并且永远无法挽回。

3. 告诉她女孩子一定要爱惜自己

女孩子来到世界上，就注定处于弱势地位，稍有不慎就会受到伤害。妈妈要让孩子明白，男女交往中，男性对女性提出要求往往是由于身体需求，并非一定是出于想长相厮守的愿望，让孩子不要感情冲动，慎重对待自己，学会爱惜自己的身体，爱自己的人才会得到真爱。

2

女孩的心思你要猜

父母是女孩最亲近的人,也是女孩最信任的人。但作为女孩的妈妈,你是否知道自己的行为在深深地影响着女儿?你乐观,女儿就会养成乐观的性格;你悲观,悲观的个性也将陪伴女儿一生。作为女孩的爸爸,你是否知道,你对她的关注将使她倍感自信?你对她漠不关心将使她陷入深深的自卑之中。作为父母,女孩的心思你要猜。

"心病"，用"心药"治最好

孩子对什么东西太紧张，多是由于父母太把那种东西当回事儿了，以至于孩子背上了沉重的心理包袱。

在我们的现实生活中，成年人常常会抱怨生活节奏快、压力大，内心总处于紧张忧虑之中，却不知道在小女孩稚嫩的肩膀上，同样背负着沉重的压力。现在的孩子们，物质条件无可挑剔，可也有他们的烦恼，学习要好，表现要好，吹拉弹唱也样样都要好，难得有轻松的时候。女孩子的心思又重，什么时候一掉队，总会有"父母不满意"、"老师不喜欢"的担忧。所以，每遇到她们认为是"重大考验"的事情时，心中总是忐忑不安。

这种情况，有些细心的家长也会看在眼里记在心里，怎奈有时候给孩子减压的方式不对，反而更绷紧了孩子的心弦。

徐太太的女儿快要上初中了，小姑娘一天天忧心忡忡，唯恐自己考不上重点中学。徐太太也很着急：女儿这种状态，考试时可别出什么岔子啊！她反复告诉孩子："不要紧张，千万不要紧张！"每天都叮嘱孩子"快去复习，别玩耍了""注意身体，别感冒了！"在孩子复习的时候，她忙着帮助孩子查资料、找例题、检查练习册。妈妈越是放不开手，女儿心中越是着急，考试那天，满脑子都是妈妈"别紧张，一紧张即使会的题目也要忘记了"的叮嘱，精神很难集中起来。结果，本来擅长的语文科目，反而考砸了。"紧张"这种情绪，你不能提，越提反而紧张得越厉害，就像一个小笑话说的那样："某人要在一次重大会议上发言，他反复告诫自己不要紧张。结果在大会上，脱口而出：'各位来宾，我叫不紧张。'"

有的父母对孩子过于苛求，只知望女成凤，而不考虑这些要求是否超过了孩子智力发育不平，孩子慑于父母的权威，整天处于紧张状态，心理上如背着一个沉重的包袱。我们要化解孩子的紧张情绪，主要是要从"病根"上下手，帮助她把包袱卸下来。

同样，洪柳也要参加小学升初中的考试，她在餐桌上问爸爸："我要是考不上四中怎么办？"爸爸喝了一口茶，轻松地说："考不上就上附近的普通中学，离得近，你10分钟就能走到，爸爸也不用开车接送你了。"看到女儿松了一口气，爸爸又说："考试就像平时做习题一个样，注意别马虎就行了。"过几天，在考场上，洪柳发挥得很正常，达到了四中的分数线。在妨碍人类潜能发挥的诸多因素中，紧张应该是比较突出的一个。人在放松的状态中，思维是开放而且活跃的，而在紧张的状态中是封闭而僵化的，就好比在台上演讲，放松让人侃侃而谈，而紧张则让人结结巴巴。

今天某些成年人的紧张，多是因为我们从很早就养成了紧张的习惯。当年紧张不安地面对老师，如今紧张不安地面对领导；当年紧张不安地走进考场，如今又紧张不安地走进面试场所。我们自己深受紧张之害，怎能不还给女儿一片轻松明朗的天空呢？

孩子和成年人一样，也常常会遇到紧张、冲突及困惑的情况，更为严重的是，她们往往无法顺利、正确地找到自行调节的方法，做父母的，除了要明智地卸掉她们心理上的包袱之外，还可以用一些辅助手段，让孩子轻松起来。

1. 让孩子拥有自己的时间

许多父母让孩子学习乐器、学习外语以及电脑等，大量占用了孩子的课余时间，常使得孩子感到压力过大，精神紧张。其实，父母应合理安排孩子的课余生活，保证孩子有充足的时间独处，做自己喜爱的游戏，父母不要去干预。

2. 鼓励孩子表达自己的愤怒

没有化解的愤怒是压力潜在的根源。父母要鼓励孩子诉说生气的原因，并让她感觉到你无时无刻不在关心她。

3. 参加体育锻炼

体育锻炼有利于减轻心理压力，消除紧张情绪。不少孩子通过玩球、骑车、游泳等活动，不仅消除了紧张焦躁的情绪，还锻炼了在遇到突发事件时保持镇静的能力。

4. 接受音乐的熏陶

常在家中播放一些轻松舒缓的音乐，对缓解孩子的紧张情绪有一定的帮助。

5. 提供安静的休息环境

干净和井井有条的房间有助于孩子进入梦乡。应避免孩子在睡觉前看恐怖影视节目及使人精神紧张的故事等。

6. 创造欢乐的家庭气氛

如果孩子出现紧张情绪，一味地讲道理意义不大，而有趣的玩笑或幽默的语言却会收到很好的效果。

女孩一般都很容易接受心理暗示，当她们面临重大考试、比赛，或者要登台表演的时候，你可以告诉她一个调整心理的秘诀：尽力地吸气，然后再呼出去，如此反复三次，紧张的情绪立即可以消除，然后，你就会发挥得很好了。

且不管这个小技巧有没有足够的理论支持，如果父母严肃地对女孩强调，女孩就会相信，紧张本来就是一种"心病"，用"心药"治最好。

摸透"拗女孩"背后的原因

在任性孩子"不可理喻"的背后，其实也有他们的"理"，只是家长平时不注意分辨罢了。知道了他们与家长对抗的动机，就会知道什么样的管理方法对任性的孩子有效。

孩子任性，是一个普遍的问题。男孩子脾气上来，撒泼打滚，无所不干；女孩子含蓄些，比较注意"形象"，但是心里一不如意，就往那儿一坐，小嘴儿一噘，任凭你怎么喊就是不答应，也真够让大人心急的。

在家长眼里，孩子任性就是不可理喻，就是"犯拧"，他们要么大声呵斥，压制孩子的脾气，逼他们就范；要么举手投降，答应孩子的一切要求，只求他们乖乖儿别闹事。这两种方法，其实都不好，虽然一时熄了孩子的火，但更大的隐患还在后面。这只能让"犯拧"的孩子更"犯拧",无礼的孩子更无礼。

要矫正孩子任性的性格缺陷,我们必须了解一点儿童心理学,知道他们在大人看来"不可理喻"的背后,到底有什么样的深层动机。

8岁的莎莎,典型的你说往东她偏往西,妈妈都恨得打屁股了,可是她还是不顺从。但在孩子内心里,她却是这么想的:妈妈嫌我不听话,太任性。可是我不饿的时候,妈妈偏让我吃饭;我想看画册,她偏让我午睡;我困了的时候,她还非让我练琴。难道妈妈就不任性吗?为什么都要按她说的去办?我已经是大孩子了,我不能决定自己要干什么吗?

11岁的菲菲,脾气说来就来,稍不如意就和父母对着干,也不管人多人少。孩子心中,其实也有她的想法:"我吃东西吃得高兴,不小心把番茄酱弄到脸上了。妈妈就唠叨:'看看比你大一岁的表姐,吃东西的时候多斯文,说话都慢声细气的,再看你,哪像个女孩子!'为什么总是说别的孩子好?索性把汉堡包、薯条弄得满地都是,这又怎么样?反正在妈妈的眼里,我也不是好孩子了!"

10岁的妞妞,看到什么要什么,父母不答应,说哭就哭,没个晴天的时候。在她心里,打的是这个主意:"你们不让我闹,但是我好好说话你们什么时候听过?我一哭你们才会改变主意,上次就是这样的。"

任性形成的原因有多种,比如,有些家长对孩子的溺爱、娇惯、放任、迁就;还有的家长对孩子的教育方法简单粗暴,造成孩子的逆反心理,不管家长说得对不对,一概不接受,从而埋下了任性的种子;有些家长无视孩子的意愿、想法,只要求孩子绝对服从，并想出各种方式让孩子就范，这种违背孩子身心发展规律的做法也是形成任性的原因；另有一类家长经常当着别人的面数落孩子，爱用讽刺、挖苦的语气和孩子说话虽然是为孩子好，哪怕家长说得再对，也容易伤害孩子的自尊心，从而导致孩子为了自己的面子，为了和家长对抗，故意任性犯拧。

看来，在任性孩子"不可理喻"的背后，其实也有他们的"理"，只是当家长的平时不注意分辨罢了。知道了他们与家长对抗的动机，就会知道什么样的管理方法对任性的孩子有效，儿童教育专家推荐了以下的方法，家长们可以根据实际情况试用。

1. 提前打好预防针

孩子任性发作一般是有规律可循的，当预计孩子可能因某种情况任性时，要提前打好预防针。比如，带孩子到商场之前，要估计到孩子可能会要求买玩具，一旦得不到满足八成会耍赖。那么，家长在从家里出发前就要和孩子讲好条件，看到喜欢的玩具只许看一会儿，不能买，不听话就不带她去商场了。如果孩子表现得好，家长可以表扬鼓励她，甚至可以给她买件小礼物以示对其"不任性"的奖励。

2. 遇到犯拧不能软

孩子任性往往是抓住了家长的弱点。家长越怕孩子哭，孩子就越是哭。因此，家长对孩子提出的不合理要求绝对不能让步，不管她怎么哭怎么闹，都不能有任何迁就的表示，态度要坚决，而且一定要坚持到底。

3. 让孩子多与他人交往

目前，多数孩子都是独生子女，在家里受到溺爱，又缺少与同龄人交往的机会，容易形成孤僻、执拗的性格。形成这种性格后，在外面和小朋友、同学相处困难，一不顺心，回家更是要耍脾气，形成恶性循环。因此，家长要多为孩子创造条件，让孩子多和同龄人交往。在和小伙伴交往的过程中，孩子没有道理要求别人事事顺着自己，对别人任性耍脾气的结果可能就是"没人理了"。孩子慢慢地会因此意识到任性的坏处，并且在和同龄人交往中改掉任性的坏毛病。

　　孩子的任性，往往都是由家长惯出来的。如果家长不知道孩子哭泣、耍脾气的心理原因是什么，不懂得如何对症下药，矫正他们任性的习惯，孩子的任性就会越来越严重，最终变成一个自私、放纵、受不得挫折的人。

你家女孩忧郁了吗？

　　跟男孩子不一样，小女孩总有些小忧郁。有时候是内向、孤僻，有时候是爱哭爱闹。这时，父母就要学会体察细微，认真地帮助女儿走出忧郁的困境。

　　楠楠今年两周半，在家里很活泼，总是追着妈妈问这问那的，还总喜欢和妈妈聊动画片里的故事。

　　可是楠楠在外面的表现却让爸爸妈妈有些摸不着头脑。在超市门口坐那个摇摇马，有其他小朋友在座的话，她就肯定不要坐。

玩其他游乐设施也一样，一定要等别的小孩走了才去玩。

刚上幼儿园的第三天，楠楠就吵着不要去了。爸爸妈妈以为她在幼儿园受了欺负，就向老师问了问楠楠在幼儿园的情况，老师说楠楠在幼儿园的时候从来不喜欢和其他小朋友玩，老师组织小朋友们唱歌跳舞，她总借故不去。等小朋友们都回来了，她又一个人跑到教室外面又蹦又跳的。

除了内向，女孩子还会出现心理压抑的现象，缺乏自信、情绪不稳定，如果孩子总表现出这些特点，那么她就极有可能出现不合群的心理现象。

另外，有的小女孩还依恋成人。现在有的父母由于经济条件较好，所以就选择把孩子抚养和寄养在私人家里。因为孩子从小没离开过成人的怀抱，所以适应环境的能力比较差，从而导致不合群。比如，进入幼儿园以后爱哭闹，有的甚至出现神经紊乱现象：哭叫着要小便，却硬是不肯尿在便盆里，刚拿掉便盆就尿裤子；平时不和孩子们玩耍，情愿一个人，适应幼儿园的生活比较困难，这就是不合群心理比较严重的症状。

真真家只有她一个孩子，但是爸爸长期在外地工作，很少回家，妈妈每天都在上班，也没时间照顾她，为此父母请了一个小保姆来照看真真。刚刚几岁的真真本应是在父母怀里撒娇的幸福时期，但是她每天只能孤独地和玩具做伴。在幼儿园也不愿意和小朋友多说话，看到别的小朋友的爸爸妈妈来接他们，她更加感到孤独了。

这样的日子，真真一个人过了整整两年，真真该上小学了。在上学的第一天，当真真看到那么多陌生的面孔时，却吓得直往妈妈怀里钻，还一直喊着："妈妈，我不上学，我要回家。"在学校里，真真也从不与同伴一起玩，上课时从不敢举手发言，老师提问时，她嗫嗫嚅嚅，同伴在一起开心地玩时，她总缩在旁边不出声，郁郁寡欢……

具有孤僻心理的孩子最缺少的是朋友，父母更应该倾注爱心，努力帮助孩子消除孤独感，陪孩子一起走出心理孤独。在平时的时间里，父母不妨和女儿一起做做游戏，或是主动与她们交谈，耐心倾听她们的诉说，力求成为孩子眼中充满孩子气的、能善解人意的长辈或大朋友。

另外，有孤僻性情的女孩，通常在言语及认识方面表现得会有些异常。不爱与其他人接近、交往，对别人的呼喊没有反应，也不跟人打招呼。她们的社会交往能力和行为异常，对亲友无亲近感，缺乏社会交往方面的兴趣和反应，不爱与伙伴一起玩耍。而且这样的孩子不会关心别人。所以父母要针对孩子不同的情况，相应地采取不同的措施。

假如说你的女儿是由于能力、智力或身体素质不如同龄人，遭排斥或讽刺后形成孤独，父母则需要帮助她们重新树立自信，鼓励她们多和同伴接触，并积极参与同伴的游戏活动，消除她们的自卑感。这样才能重新激发孩子的主动性，使孩子从闭锁的孤独心境中走出来。

无论是怎样的一种情况，家长首先都必须要懂得孩子的心理，在孩子最需要关怀、照顾的时刻，千万不要忽视孩子的反应，对孩子施与更多的关爱与关心，满足孩子感情和心理上的饥渴，尽量能做到与孩子心心相通。只有适时地搭建起心灵相通的桥梁，孩子才能够健康、快乐、幸福地成长。

排解女孩忧郁的心理，父母可以从这几个方面入手。

1. 拿出时间多陪陪孩子

现在很多的家长因为需要工作，很少有时间陪陪孩子，他们认为提供给孩子充足的物质条件才是最重要的。殊不知，孩子是很需要爱的。长此以往，孩子由于孤独，就会变得孤僻、忧郁。所以，无论再怎么忙，也要把孩子的问题放在第一位。

2. 营造良好的家庭氛围，改善家庭成员间关系

女儿活泼开朗，首先应当让她感受到家庭的其乐融融。因此，爸爸和妈妈应该努力做到和睦相处、互相体谅，给女儿一个祥和、安全的家庭交往环境，尽量不在孩子跟前过多地暴露夫妻双方的分歧甚至争执，避免给女儿的心理带来阴影。

3. 为孩子创造与外界交往的机会

父母要尽可能地创造条件让女儿与同伴多交往。比如说，可利用节假日多带女儿到公共场合玩或常带孩子走亲戚、访朋友；也可以请女儿的小伙伴到家中来和孩子一起玩。在这些活动中，有意识地增加女儿与人交谈的机会，让她感受到与人交往的快乐和幸福，从而走出孤僻、忧郁的心理。

伤害孩子的自尊，是教育中的大忌

　　女孩的心思总是显得比较细腻、敏感，作为父母，要给感情细腻敏感的女儿强大而温和的情感。若是父母老是对女儿大吼大叫，即使是女儿做错的情况下，可怜的小女孩只会让暴躁的"巨龙"吓倒，而不是变得像爸爸妈妈期望的一样内心强大起来。

　　家长们可能还不知道，当你冲着孩子吼叫时，就会毁掉自己以前的一切教育成果，因为对孩子吼叫是可厌和有失体面的。

　　可是有些家长却非要这样做。

　　一个小学女生在报上发表了作文《爸爸的"雷声"》，文中写道："别以为只有春天才会听到雷声，在我的家里常常会听到'雷声'——那就是爸爸教训我时的大嗓门。我一旦做错了点什么，只要被爸爸知道了，他立即圆睁双眼，'隆隆'的'雷声'马上就到，震得我不敢抬头。我的眼泪就像夏日的大雨，'哗哗'下个不停，那时我最恨我的老爸，每天最担心的也就是他的'雷声'。我常常想，要是爸爸不打'雷'了，那该多好啊！"

　　家长在大声吼叫的时候，往往展示的是一种尊严、威严，有一种居高临下的味道，这对孩子来说是一种莫大的伤害，尤其是对于女孩来说，更会伤害到她们的自尊与情感。相反，轻声细语地批评更多的是把孩子的利益放在了受尊重的位置上，保护了孩子的自尊心。家长的心与孩子的心处于一种平等交流的位置上，孩子当然容易从内心深处受到触动，随之而产生的，是对父母由衷的爱。

其实，大多数家长都会有这样的体会，每次大声训斥或批评孩子之后，孩子难受，他们心里更难受、更后悔。总觉得发火发怒，伤害的不仅是孩子，受伤害更重的还是自己。因为那时，我们自己受到了双重伤害：一是被自己所爱的孩子不理解；二是助长了爱训人、爱发火的坏脾气。

俗话说得好："伤树不伤皮，伤人不伤心。"其实女孩子的自尊心是极为稚嫩的，如果方法不对，那对孩子的伤害是非常大的。

百灵非常喜欢唱歌，可以说在幼儿园里就是个"小歌星"，这一点就连老师也非常佩服。也正因为如此，她结识了几个同样爱唱歌的小伙伴，甚至还成立了一个舞蹈组合！不过，因为几个人走得太近，他们几个人之间不免出现了小摩擦。一怒之下，百灵把一个小朋友的鼻子弄流血了。

当爸爸接到了老师的电话后，急忙赶到了幼儿园。看着有些委屈的孩子，爸爸当着老师、小朋友和其他家长的面，大声骂道："臭丫头，这才多大就学会打人了！"要不是其他人拦着，他甚至还要打百灵一顿。

百灵躲在一旁，气愤地没有说话。从这以后，她下意识地躲着爸爸走。妈妈不明白其中的事情，于是问道："百灵，你这几天怎么了？以前你不是和爸爸最好吗？怎么现在不和他说话了？"

百灵叉着腰，一脸怒气地说："谁让他当着那么多人的面骂我！我再也不喜欢他了！"

百灵的爸爸一定没想到，自己看似没什么问题的批评，反而激起了她的反抗意识，同时也深深地伤了百灵的心！爸爸一定不会知道，百灵有这样一番心里话："爸爸为什么这么对我，要在那么多人的面前批评我？我以后该怎么再见其他小朋友呢？"

很多家长总以为，孩子还那么小，怎么可能要面子？但事实上，其实孩子有时候甚至比大人更要自尊，因为他们总是觉得自己长大了，觉得要在其他小朋友面前塑造出一副坚强和成熟的形象！但父母的一番公开训斥，无异于扒光了自己的衣裳，这让自己怎么能不生气呢？

或许这一类的父母认为，这样也没什么大不了的，因为他们心想："女儿是自己的，即使骂得重了点，也不会怎么样，何况，如果不这么骂，她根本就不当一回事。"可是，他们没有想到，女儿心里却觉得人格受到轻视。不管怎样，这种责骂的方式，显得非常不明智。

其实，每个人都有被别人尊重的需求，不要以为孩子年龄小就不需要被尊重。实际上，孩子都有很强的自尊心，一样需要维护自己的尊严。教育学家早已告诉我们，伤害孩子的自尊心，是教育孩子的大忌。因为不尊重孩子不仅会使父母与孩子的关系疏远，还会使孩子的尊严扫地，很难再以正常的心态去面对人与事，去面对自己的人生。

更何况，"金无足赤，人无完人"，每个人都会犯错误，孩子的价值观还没完全形成，更容易犯错误。孩子犯错误是在所难免的。作为家长，应该心平气和地纠正他们的错误，而不是冲他们大吼大叫。因为那样不但收不到良好的效果，还会造成孩子的逆反心理，到时候孩子更不好教育。

所以，遇到因为被公开批评导致和自己出现矛盾的孩子，父母首先还是应该从自己的身上找问题，意识到自己的行为，已经伤害了孩子的自尊。英国作家洛克就曾对此发表过议论："对儿童进行批评时，要在私下里执行；对儿童的赞扬，则应当着众人的面进行。儿童受到赞扬后，经过大家的一番传播，意义会很大，他会以之为骄傲和目标，并在以后的岁月里更加努力去获得更大的赞扬。而当众宣布他的过失，会使他无地自容，会使他失望，因而父母制裁他的工具也就没有了。"当众受到父母的批评，孩子就会认为自己的名誉备受重创，维护自己名誉的心思也就越淡薄，越来越想和父母"对着干"。

所以，想要批评孩子，家长还是静悄悄地进行好。否则，你的教育不但没有任何效果，反而会走向反面，让孩子感到父母就是"仇人"，他们只会侮辱自己。这样一来，你和孩子的关系又怎可能亲近？正如美国儿童心理学家詹姆斯·杜布森博士所说："有千百种方法可以让孩子失去自尊心，但重建自尊却是一个缓慢而困难的过程。而当众批评，这会让恢复变得比登天还难。"

那么，面对女儿的错误，父母怎么才能避免大吼，顺利地将问题解决呢？

1. 女儿犯错了，要心平气和地教育

孩子犯错误是在所难免的。父母应该心平气和地纠正女儿的错误，而不是冲她大吼大叫。因为那样不但收不到良好的效果，还会造成女儿的逆反心理。所以，父母在批评女儿时，尽量细声慢语，和她讲道理。大嚷大叫不仅把孩子吓住，而且之后你再讲道理，她就再也听不下去了，唯有细声慢语，她们才会好好听你的话。

2. 选择安静的地方进行批评

批评女儿，要尽可能选择安静的地方，最好没有外人的出现。如果在准备批评女儿时，发现她正在和小伙伴玩儿，那么你可以说："女儿，过来一下，我问你点儿事。"或者按捺住火气，等待孩子玩耍结束后再谈。

3. 就事论事，不要扩大批评面

有的父母在批评孩子时，总有这样一种习惯：捎带"侮辱"她的伙伴。例如，妈妈看到女儿每天总是和几个小朋友一起玩，就会说："吃完不回家，就知道在外面玩！你就知道跟这些坏孩子混在一起，你怎么不跟有点儿出息的交朋友呢？"这不但会让女儿感到尴尬，甚至会影响到她未来的社交能力。

女儿希望收到你的礼物

说到童年的礼物，我们常常会记起一个盼望已久的新书包；一辆爸爸出差时带来的小汽车；妈妈花了一整天的时间给做的小灯笼。如今我们已经为人父母，又该拿什么送给我们的孩子呢？

现在的孩子，在物质上他们可能什么都不缺，但他们没有时间丰富童年生活，没有空间发展独特个性。从这个意义上说，我们送的礼物应该符合有新意、有特点，能够启发孩子的心智发育，拓宽他们的生活空间。

礼物对于女孩子，还有另外一层意义。女孩天生倾向于关注人与人之间的关系，她们更为渴望得到父母的疼爱，有时候，一个小礼物，就会让女儿获得心灵的温暖和支持，女孩要先拥有爱，然后才谈得上开发她们的潜能。

因为爸爸妈妈工作忙，何蕊是由外公外婆带大的。上小学三年级后，父母把她接回身边，但很快发现，小何蕊并不快乐，每天写完作业，就坐在窗口前发呆，心里不知在想些什么。又过了一阵子，小何蕊吞吞吐吐地告诉父母，不想在这儿上学了，还想回到外婆家去。

通过仔细的询问，爸爸妈妈发现何蕊不喜欢新学校的原因是因为和老师同学都不熟悉。课余时间，同学们在一起谈论到哪里去玩、吃什么新奇的东西等话题，何蕊也插不上嘴。渐渐地，就由于与环境格格不入而产生了厌学情绪，干什么也提不起精神来。爸爸觉得，在这种情况下，调动起女儿的情绪、培养出女儿的信心是最为重要的。

星期天，何蕊一家三口穿戴整齐，手拉手去逛植物园。回来的路上，爸爸带何蕊来到路边的礼品店里，要提前给她准备下星期的生日礼物。一家人仔细商量了之后，挑选了几种启发智能的新潮玩具。其中有一款是悬浮陀螺，是利用磁体同极相斥原理和陀螺定轴性理论研制而成的反重力科技玩具，可以考验操作者的平衡协调性，提高分析能力和想象力。通过精心演练，飞碟会悬空飞浮，景观奇特，令人产生无穷的乐趣和遐想。

何蕊高兴极了，脸上露出了久违的笑容。以后家里来了客人，何蕊的悬浮游戏就成了保留节目，看到大家惊讶的表情，她总是要热心地指点他们亲自体验一把。一直过于内向的性格，慢慢地也改变了很多。父母是孩子最好的老师，在这种一对一的环境中，我们完全可以通过一些合适的小道具，把孩子引入新的情境之中，从而改变她们目前不太让人满意的状况。从改善性格、发掘潜能的意义上讲，送给孩子的礼物，也应该是要用心挑选的。

礼物"多"和"贵"对于孩子是没有意义的，我们关心的重点，应该是能不能给孩子一种比较深刻的印象，她能不能从中受益？

现在物质极大地丰富，孩子几乎要什么有什么，这就使她们对"给予"缺了点敏感，而且孩子们很多时候对一样东西只图个新鲜，时间久了，便会喜欢上另一样东西。如何让孩子记住这份礼物？"特别"就显得很重要。"特别"不仅指礼物本身，也可以指送的方式，比如选一个特殊的日子送给她，或者事先询问孩子最想要的礼物，把送礼当成一件"正事"来办，这都能够提升孩子对于礼物的兴趣，让礼物的实际功能和潜在意义都充分发挥出来。

玩具不仅有玩耍功能，还具有对孩子存在的心理问题进行矫治的功能。爸爸妈妈可以根据孩子不同的心理问题选择玩具。

针对女孩子的心理特点，我们可以为缺乏耐性、注意力不易集中的孩子提供积木、棋类、串珠等需要"静心"才能玩得好的玩具。经常玩这类玩具，有利于培养毅力和注意力的坚持性。给内向的孩子买些特别"好"的玩具，让其有"资本"吸引其他孩子，并从中获得与人交往、分享的快乐。

母女多沟通，让女儿把心里话倒出来

　　好妈妈要经常和敏感细腻的女儿聊聊天、谈谈心，因为女孩子的心里总是藏着各式各样的小想法，这些小秘密有的好有的坏，妈妈经常和女儿交流就能及时得知女儿心忧的小秘密，想办法让不那么好的小秘密随着敏锐聪慧的妈妈巧说一番，解决了。

　　很多妈妈都认为小女孩应该听妈妈的话，不要总是有那么多想法，这才是个"好孩子"。可是，如果父母总是剥夺孩子的说话权利，那么孩子不仅不能健康成长，反而会越来越"坏"，家里总是弥漫着战场的气息。

　　晓莹从幼儿园回家，看到妈妈正和邻居王阿姨聊天。她走了过去，听到妈妈她们正在说水费涨价的事情。于是，晓莹瓮声瓮气地说："妈妈，是不是水费涨价，游泳池的门票也要涨价了？"

　　妈妈说："你赶紧回家吧，小孩子怎么懂这些？"

　　晓莹说："可是我喜欢游泳啊！要是游泳池门票涨价了，爸爸不就不让我经常去了吗？我可不想让水费涨得那么高！"

　　"去去去，怎么这么烦。小孩子怎么那么多意见？"说着，妈妈就把她推回了家。晓莹有些失望，看着妈妈的背影，孤独地回到屋子里。

　　绝大多数的父母，都会与晓莹的爸爸妈妈一样，总要打击孩子说话的欲望。因为他们的心里，总认为孩子永远是孩子，说话怎么可能有分量？他们不明白，大人的世界和孩子的世界应该是平等的，孩子的想法和大人的想法也同等重要。

如果妈妈们都像晓莹的妈妈一样对待自己的女儿，那么她们就会感到自己没有受到尊重，而是永远低人一等。久而久之，她们与父母的矛盾也越来越深，最终发展到不愿与父母说话的地步。

当然，与大人相比，孩子的想法有时不免幼稚，但这正是他们成长的一个过程，他们正在努力着，与大人接近。他们对大人世界的事情发表意见和想法，说明他们有了独立的思考意识，这是非常可贵的。如果孩子走不出这一步，那么，他们永远只能是个小婴儿，活在父母的精神世界里。

所以对于妈妈们来说，应该把自己的女儿当成一个有思想的独立个体，尊重她们说话的权利，鼓励她们表达出内心想法。教育学家认为，只有平等的、民主的家庭才能产生具有独立意识、乐观积极的孩子，而专制的家庭只能培养出唯唯诺诺的庸才。

所以，对于称职的父母，他们永远不会打压孩子的说话欲望，而是鼓励他说出自己的想法。只有这样，孩子的思维能力才能迅速提高，不至于畏首畏尾或随波逐流。同时，孩子也会尊重自己的父母，因为尊重是双向的。你尊重他，他自然也会尊重你，感到与父母在一起很亲密。想成为怎样的父母，想拥有一个怎样的家庭，相信你的心中已经有了答案。

鼓励女儿说出自己的想法，关键一点就在于父母要学会尊重女儿，把她当成一个独立的人，这时候你就会发现你们的关系拉近了许多。

2 女孩的心思你要猜

1. 聆听孩子的言语

想要鼓励女儿说出自己的想法，父母首先就要学会聆听。父母可以选择一个不忙的时间和安静的地点，与女儿坐在一起，让她表达自己的心理。与此同时，父母还应注意聆听的方式。当女儿滔滔不绝时，父母尽量放下手里的活，关掉电视，用眼睛注视着孩子，表示是真心在与她接触。这样的行为，父母必须每天进行，哪怕只是短短的几分钟。父母对孩子说："我们一起散会儿步"，或者说："让我们去小房间单独在一起谈谈。"

2. 不要嘲笑女儿

女儿的认知能力不高，所以说话不免有些幼稚，但妈妈不要因此就嘲笑女儿，对她说："你懂什么啊！"不要总是以大人的思维来要求女儿，而应该让女儿说下去，允许女儿把自己的观点表达出来。否则，女儿会以为妈妈是在看自己的笑话，自尊心深受挫折，对妈妈产生了反感。

3. 不要压制女儿的想法

女孩的思维不像大人那般成熟，有时候不免说错话，但是妈妈不要因此就压制她们，绝对杜绝说"小女儿懂得什么"的话，更不能将自己的观点强加给女儿。即使女儿的话真的很幼稚，妈妈也要耐心听完她们的诉说，然后设法帮助其调整思路。例如，妈妈可以说："女儿，你的想法很对。不过你想想看，这件事暂时能成功吗？其中的一步，我们能做好吗？"这样，女儿既能表达意见，又能感受到尊重。

让女儿知道，爸爸也很爱我

有时候，女孩虽然被妈妈照顾得很好，但是对她们来说，最有力的臂膀还是爸爸给予的。

虽然，小女孩是家里唯一的孩子，爸爸好像也没显出特别的喜欢。看到别人的爸爸殷殷地关怀女儿，小女孩心里便有了比较，觉得爸爸不喜欢自己。

妈妈对小女孩说，爸爸是爱宝宝的，只不过爸爸的爱是用另一种方式表达出来的。"爸爸不管多忙，总会在星期天带你出去玩，这不就是爸爸的爱吗？"妈妈说。

"可是，爸爸为什么不跟我说话呢？"小女孩似懂非懂。

妈妈把小女孩的困惑告诉了爸爸，爸爸心里很吃惊。爸爸本来就是个沉默讷言的人，他不知道怎么跟女儿交流，虽然他爱这个天使般的小女孩。他的皮夹里、办公桌上总放着小女孩的照片，别人都说照片上的孩子像爸爸，爸爸很为宝贝女儿自豪，可是，怎么才能让3岁的小女孩了解爸爸的爱呢？

他希望改变自己在小女孩心目中的形象。爸爸工作很忙，但是不管多晚回来，总要先去她的房间看一看。如果小女孩睡了，就会亲她一下。有时候爸爸回来，小女孩刚入睡，睡意很浅，爸爸一亲，她就会醒过来。然后，小女孩就会从被子里伸出小手，抚摸爸爸的脸、爸爸的胡子。爸爸还是不知道该说什么，但是他学会了尽量给女儿拥抱，让小女孩感受到他的爱。

爸爸不知道小女孩是不是感觉到了自己的改变，不知道她是不是觉得幸福。可是妈妈感觉到了。有一天周末，爸爸带小女孩去广场玩，半个小时以后妈妈去看女儿的时候，简直不敢相信眼前的情景。只见小女孩把鸽食放在手心里，鸽子在她的手里愉快地吃食。再看爸爸，正坐在一边笑眯眯地看着他的宝贝女儿。

这简直太奇怪了！要知道，小女孩一直是个见什么怕什么的"胆小鬼"，就拿喂鸽子来说吧，以前妈妈带小女孩来广场的时候，小女孩总是被鸽子追着满广场跑，就是不敢把手里的鸽食扔在地上。可是为什么小女孩在爸爸的面前就能如此大胆呢？

也许是因为在爸爸面前，小女孩会有一种实实在在的安全感吧！妈妈想。看着阳光里女儿搂着爸爸的脖子，很亲昵的样子，妈妈知道，小女孩的困惑已经没有了。

如果爸爸比较细心的话，就会发现三四岁的女儿身上，总有让爸妈各种看不惯的行为，尤其是懦弱。女孩子的懦弱，会让爸爸非常迷惑："这孩子究竟怎么了？为什么我越是教育她，她却越是懦弱，反而还对我有很多意见？"这样的爸爸不明白，其实孩子需要的不是千篇一律的教育，而是一句温暖人心的鼓励，一种爸爸站在自己身后所给予的强大安全感。

真正了解并关注女孩的内心需要

如今父母对于孩子的爱，多表现在给他们提供尽可能好的环境、尽可能丰富的物质上，却很少关注他们内心的需要。某市的一个心理诊疗中心，接待过一名14岁的患精神分裂症的少女，她的症状是老出现幻听现象，老听见爸爸妈妈在跟她说话。

而实际上，这个可怜的留守孩子，父母都远在新疆，她已经有8年未见到爸爸，7年未见到妈妈！这个病例让心理医生都备感心酸。在现代社会，离开家乡到异地谋生已经成为了一种普遍现象，只是在外地打拼的时候，对于孩子的照看、求学等有着诸多不便，于是，有些家长便把他们留给老人或者亲友照看。这对于孩子的成长，是一种严重的缺陷，在缺失了父母之爱的环境里，他们的孤独、渴求、没有安全感，常常会出现许多心理问题。女孩子本来就很脆弱，与别的孩子截然不同的待遇，会使她们感受到更多的压抑和委屈。

如果父母为了生计，不得不与孩子分居两地，那么也别忘了把浓浓的爱意传递给孩子。现代社会各种通讯手段都很发达，信件、电话、网络，都可以成为与孩子联系的通道。那种只通过监护人了解孩子的学习和身体的做法，使孩子对父母缺乏自然的亲近，当家长的，可以多和孩子聊聊天，告诉孩子，爸爸妈妈非常想念你，不是不喜欢你，只是因为生活的原因没有办法陪在你身边，爸爸妈妈也不想和你分开。也可以告诉孩子，爸爸妈妈很想抱抱你，看你长高了没有，体重增加了没有。

　　沟通和交流，是联系父母和孩子之间最重要的纽带。但是，如今父母对于孩子的爱，多表现在给他们提供尽可能好的环境，尽可能丰富的物质上，却很少关注他们内心的需要。有时候，大人和孩子近在咫尺，却让他们也感受不到来自于父母的关爱。一位妈妈这样说：我女儿最近出现了很多问题：学习不够用功，成绩中等，对父母越来越没有礼貌，很少主动叫爸爸、妈妈，很少说话。我带她去看心理医生。她跟心理医生说了很多很多话。后来心理医生解释说，问题主要出在孩子爸爸的身上。孩子说，在学校里常有淘气的男同学欺负她，她不知道该怎么办。这种时候我怕孩子出事，往往让她忍耐住。孩子很想听爸爸怎么说，可孩子他爸从来没有耐心地听孩子讲学校里的事儿。孩子还说妈妈经常给她增加作业，强迫她做好多数学题和作文。并说："如果是爸爸辅导我，学习效果会更好，可是他总是说工作忙，总是在加班。星期天他也不领我出去玩儿，晚上他总是在电脑前工作。是不是电脑是他的女儿？工作比女儿更重要吗？我对爸妈有意见，他们又不爱听我说话，还要让我叫他们。我才不叫呢！"现代社会生活节奏加快，许多父母由于工作繁忙疏于和子女进行交流，而两代人之间价值观、个性等方面的差异，也容易形成心理隔阂，只有双方经常沟通交流，才能缩短心理距离，增加共同语言。因此，除了一般的日常接触外，父母还应该有目的的和孩子沟通交流。例如：安排家务劳动、重大决策征求或采纳孩子的合理建议、选择好书好节目和孩子一起看、耐心听孩子说说学校的事情、帮助他们面对挫折克服困难、亲子共同出游培养生活情趣丰富精神生活等，使孩子时时意识到自己是家庭中的一员，乐意与父母沟通。

要说忙，那并不是理由，孩子是最敏感的，如果你爱他，重视他，通过一个小动作，一句简单的话语，她就可以感受到。童话大王郑渊洁儿子五岁的时候，看见他每天在写东西，就问："爸爸，你今天写了多少页字啊？"郑渊洁回答："一页300字，爸爸每天要写10页。"有一次，郑渊洁接了个急活，怕孩子在身边分心，就把他送到了奶奶家。当晚，孩子就打电话过来问："爸爸，你今天写了多少页啊？"郑渊洁漫不经心地回答道："10页，甚至更多点。"孩子不再说话，失望地挂掉了话筒。

第二天，孩子又问郑渊洁同样的问题。一个五岁的孩子，关心这个干什么？细心的郑渊洁忽然意识到孩子的想法——孩子不直接问，但希望自己离开的日子，爸爸的生活会有变化，证明爸爸一直重视他，关注着他。郑渊洁感到心头温情涌动，赶紧说："没有你，爸爸一个字也写不出来了，你回来吧。"孩子哈哈大笑起来。回来后，郑渊洁就让孩子在身边坐着，并且让他给稿纸编上号。孩子干得又认真又开心。

郑渊洁说："再重要的工作，都不如孩子重要。特别是幼年时的尊重，会让孩子形成习惯。"他认为，他在爸爸心目中是重要的，逐渐也会把你放在同样重要的位置。"随着孩子一天天长大，头脑里的问题也多了起来。当他们有了新发现时，就急于表达出来；当他们受了委屈时，就想找人安慰一下。这时候，如果没有父母或者代替父母角色的师长以充满爱意的胸怀接纳他们，他们就会产生一种被遗弃的感觉，逐渐出现一些心理偏差。

3

好心态，决定女孩好命运

在高压力、快节奏的生活中，我们只注重孩子的吃穿却忽略了她的心态。在竞争激烈的时代，我们只注重孩子的成绩忽略了她的内心所想。健康固然重要，成绩固然重要，但心态一样的重要。关注孩子的心态，在孩子有心病的时候及时为她治疗，在孩子需要的时候多陪陪她、鼓励她，等等。这些看似小小的问题中却蕴藏着大智慧。

女孩容易情绪化，帮助女儿摆脱干扰

　　女性在社会生活中常被评论为"情绪化"，容易受感情的支配做事，缺乏理性的思考，这种现象，在小女孩身上表现得更为突出。一件在成人的眼里看来是芝麻绿豆大小的事，常常可以引发孩子十分强烈的情绪波动。这就需要女孩的家长，随时注意观察孩子的情绪变化，在她们自己能力达不到的时候，通过积极的诱导，帮助她们摆脱不良情绪的干扰。

　　月月的爸爸是位小学老师，在儿童教育上很有他的独到之处。从女儿刚上幼儿园时，他就有意识地把她的思维方式向着"快乐"、"积极"的方向引导。每天从幼儿园回家，爸爸都会听她讲述这一天发生的一些趣事：这个小朋友送给了自己一块奶糖，或者是自己教会了那个小朋友一个游戏，两个人一起玩，玩得很高兴，等等。通过她的讲述，在她的脑子里就强化了快乐的一面，从而忽略了不快乐的因素，这样久而久之，在月月的心灵上，积极的东西越积累越多，她的乐观性格逐渐形成。

　　在月月上初中的时候，发生了一件小事：在一次英语测验中，本是英语尖子的月月的卷子，不知道为什么混入了不及格的同学的卷子当中，老师要这些学生放学后留下来，科代表就按着试卷一一念起那些人的名字来。月月的名字刚一出现，班上立刻骚动起来，同学们议论纷纷，有两个调皮的男生还直向月月做鬼脸，起哄说："噢，英语尖子也不及格喽！"月月想去追英语科代表问问是怎么回事，但是已经来不及了，她又羞又恼，伏在课桌上哭了起来。放学以后，老师到班上来给那些没有及格的学生补课，见月月也在其中，一问，才知道是一场误会。其实，月月得了97分的高分。

这本来不是什么大事，但在曾经备受老师宠爱的女孩子心中，已经产生了深刻的影响，回到家里，她迫不及待地把这件事告诉了爸爸。

听女儿讲述完，爸爸沉思了片刻，问她："你说，这件事对你有什么好处呢？"月月吃惊地望着爸爸："好处？哪里还有什么好处！这回我可丢了人了。""我看不一定。这件事说明了什么？因为别人误解了你，你就伤心难过，首先说明你是一个有自尊心的人，是不是？"月月点点头。"其次，你虽然受了委屈，可你不会因此就对英语科代表产生怨恨，因为他是无意的，只是他有点儿粗心而已。所以，你又因此学会了宽容。"月月又点点头。"还有，通过这件事，你应该明白，被别人误会是经常发生的事，在以后的生活中，你还会遇到各种各样的误会，这件事能帮助你正确对待误解。虽然这次你哭了，但下一次就不会了，是不是？""哦……"月月若有所思。"下次再遇到这样的事你会怎么办呢？"月月想了想说："下次我要趁着科代表还没有走远，追上他问清楚到底是怎么一回事。""好，通过这件事你学会了应付紧急状态下的意外。你说这对你是不是一件好事？"女儿破涕为笑了。

女孩子的情绪是多变的，当她们深深地陷于自己的小世界里时，第一步，家长要帮助她们使消极情绪平静下来。这就要让孩子通过语言把她们所有的感情表达出来，以求得心理上的平衡。第二步，就是疏导，疏导孩子消极情绪的主要方式有：

1. 转移孩子的注意力。将孩子的消极情绪转移到其他方面，最好是积极的方面，用成人的眼光打量孩子的世界，本就没有什么大不了的刺激，所以，我们要把"坏事变成好事"，不是没有可能的。

2. 寻找一个"合理"的理由。一个"合理"的理由可以冲淡孩子内心的不安，虽然有些理由往往是宽慰孩子的借口，实际并不合理。比如，孩子打碎了父母喜欢的餐具，心里很难过，父母可以用开玩笑的口吻说："旧的不去，新的不来，这只杯子早就该换了！"这样一来，孩子的心理负担就会减轻许多。

3. 允许孩子适当宣泄。对孩子的一些消极情绪，不妨让他尽情地宣泄一番。比如，因没有满足孩子的某些合理要求，孩子跺脚哭闹，是情理之中的事，如果非要让他把不满的情绪压抑在心里，反而有碍孩子的身心健康。

有些孩子会自觉地借助一些消极的心理防备机制去应付压力，往往会带来消极的结果。例如，一个受到家长严厉责骂的孩子，当着家长的面可能会"忍气吞声"，可是一离开家长，她就可能通过破坏玩具或欺负同伴等方式来发泄自己的情绪。由于她"转移"的发泄对象不适当，因此态度和行为不能被社会所接受，并且有可能使她陷入恶性循环之中。

因此，要十分注意孩子是如何应付各种心理压力、宣泄自己的消极情绪的，教导他以积极的方式去替代那些被动的、消极的方式。

让女儿不再孤独，快乐地融入人群

有一位女数学家，曾在科研领域上做出过卓越的贡献。尽管她在事业上出类拔萃，然而她却是一个情绪障碍症患者。她性格孤僻内向，成天关在小房间里看书学习、演算公式、攻克难题，几乎没有任何人际交往。她为人沉默寡言，给人一种"古怪"的印象。40岁时才在家人的催促下结了婚。结婚时，她不知道该如何操办婚礼，婚后不知道上哪里去购买生活用品。由于过分内向离群，对外界反应不敏感，社会适应力很差。

女数学家所表现出来的情绪障碍症状，心理治疗学上称之为淡漠症。淡漠症患者往往表情淡漠，缺乏强烈或生动的情绪体验。他们对人冷淡，甚至对亲人也是如此，缺少对他人的温暖与体贴。他们几乎总是单独活动，主动与人交往仅限于生活或工作中必需的接触，除一般亲属外无亲密朋友或知己，很难与别人建立起深切的情感联系。

关心和被关心是人类的基本需要。在人生的每一个阶段，我们随时需要被理解、被接受、被认同，但是现在的孩子们，缺乏兄弟姐妹在一起玩乐的友爱，所以大都养成了很"独"的性格。这样的孩子，在青春期如果依然独来独往，没有可以在一起分享快乐、分担烦恼的同学和伙伴，成年后，她的心理就有可能出现问题。

女孩子的性格本来就有些内向和怕羞，有时候，她们宁愿让电视、电脑、电子游戏陪伴着自己，也不愿意主动伸出双手交朋友。在这种情形下，家长的态度，可以给她们一些积极的影响。

儿童教育专家详细分析了不同类型的孩子有孤独倾向的原因，当我们面临类似的情况时，就可以用不同的方法来给予孩子恰到好处的帮助。

不合群的原因之一：常受到指责和呵斥

这类孩子通常有过说错话或做错事而受到指责和呵斥的经历，她在一次又一次被否定之后，会不知所措，认为自己不如别的小朋友聪明，与其说错话，还不如沉默。

父母对孩子应多加鼓励，尤其对于她的优点、正确的行为要时不时地给予夸奖。即使她做错事或说错话时，也应委婉地告诉她错在哪里，应该怎么做。同时，可以先帮助她邀请一些小朋友来家里玩，渐渐地，让小朋友也能接受她进入他们的集体，从而让孩子能树立足够的信心进入交际圈。

不合群的原因之二：过多地得到父母的保护

如果孩子在父母面前活蹦乱跳，而对外人却沉默寡言，那么多半父母是她生活中的代言人。没有父母，孩子就好像和世界失去了联系，父母的行为在无意中纵容了孩子的孤僻性格和挫败了她独自面对世界的能力。

首先，父母要调整与孩子的关系。鼓励孩子和周围的叔叔阿姨们打招呼，注意礼貌，而且听了大人们说了些什么，也可以大胆地表达自己的意见。同时要给孩子创造一些条件，譬如她想吃巧克力，父母可以给她钱让她自己去买，如果她不想去，就吃不到。直到她愿意去做，并且从中发现这是很容易做到的。

不合群的原因之三：固执和倔强的性格

有的不愿意交际的孩子很有性格，他们拥有的意志和小动物一样顽固。在成人面前，他们不愿意开口，但是他们能认真地听并理解大人说的话，比其他孩子更能准确地判断所发生的事。这样的孩子更希望和她在一起的小朋友对她言听计从。而他们有时不愿意开口，多半是骄傲的个性使然。

父母要让孩子掌握足够多的交际技巧。一方面，要鼓励孩子和大家友善交往；另一方面，在孩子出现矛盾时要及时化解。要告诉孩子多看到小朋友的优点，对小朋友有意见时应尽量悄悄地和他们说，并且态度要温和，还要说出理由，孩子同样应该了解。

让孩子摆脱孤独，快乐地融入人群，不仅可以增进她与人交往的能力，更可以提升她的合作能力、理智思考能力，为其未来的成长增添成功的砝码。

开阔女孩胸怀，把忌妒化为动力

女孩子心思细腻，又多数沉静，不喜向外交流，容易产生忌妒的心态。尤其是现在的独生子女，生活在一个特殊的家庭环境，每个孩子都享受着优越的物质条件，同时也得到家长的悉心呵护和关爱。然而，孩子的成长世界总是复杂多样的，童年有无限快乐也有不少烦恼，同时还有很多孩子有着很强的忌妒心理。科学家经过大量的研究表明,忌妒属于人的本性之一,在婴儿时期,忌妒就已经在人的心里产生了。孩子的忌妒心理,非常容易让他们做出出格的行为,现代家庭孩子的忌妒行为有很大部分原因是父母对孩子过度放纵造成的。

提到忌妒,一般人都会自然而然与女人挂起钩来。难怪这个形声字是"女"字旁。这是一种社会心理的体现。有这种心理的人,对比自己好的人或事都会心怀不满和怨恨。孩子如果是置身在这种氛围之中,由于他们的可塑性很大,大人潜移默化的影响就会使孩子产生忌妒的心理。

在幼儿园,我们经常看到孩子向父母索要某某穿的衣服与鞋帽,或玩具等。这种现象看起来平常,其实是孩子忌妒心理在作怪。在小学校园里,那些表现好、成绩好的学生,常常会得到老师的喜爱,那些调皮的学生就会与这些学生闹恶作剧,这也是忌妒心理在作怪。

一般来说,爱忌妒的孩子情绪变化快,一会儿幸灾乐祸、得意忘形,一会儿又咬牙切齿、打人、骂人或恶作剧,一会儿又自怨自艾、意志消沉。孩子的忌妒心理,虽然不像成人那样表露得充分,但是如果长期这样,就必然会引起行为障碍。

忌妒程度有浅有深,程度较浅的忌妒,往往深藏于人的潜意识中,不易觉察。如自己与某同学是好朋友,他的学习成绩、能力等都较强,对自己的好朋友并不想加以攻击,但在内心总有一点酸楚。而程度较深的忌妒,会自觉或不自觉地表现出来,如对能力超过自己的同学进行挑剔、造谣、诬陷等。

现代教育中,父母往往急功近利于孩子的成绩和技能,忽视了品德和心理素质的培养,而现在孩子心理品质中的忌妒心理问题日益突出。有些孩子总是希望自己比别人强，如果别人超过他，他会很难受，并设法消除和排挤他人。忌妒心过强会产生许多消极影响，喜欢给别人挑毛病，幸灾乐祸。忌妒心是一种消极的情感，与家庭教育方式、儿童的个性等都有一定的关系，对儿童心理健康发展极为不利。

另外，我们常常可以发现班级中的小团体斗争是由彼此的忌妒引起的，因忌妒他人而"打小报告"，散布谣言；别人的作文被老师表扬了，就说是抄袭的；别人的分数考好了，就说是有答案，等等。忌妒正越来越严重地侵蚀着孩子的心灵，成了他们难以驱除的心魔。

首先，忌妒影响身心健康。忌妒心强的人容易得身心疾病。由于他长期处于一种不良的心理状态中，情绪上总有压抑感，久而久之可能导致器官功能降低，产生不良的身心反应。因此又可引起忧愁、消沉、怀疑、痛苦、自卑等消极情绪。这样一来，恶性循环会严重损害身心健康。

其次，有忌妒心的孩子在集体生活中是不受欢迎的。当一个人忌妒另一个人的时候，就不会对那个人友善、热情，两个人的关系必然冷淡。忌妒的对象越多，关系冷淡的对象也就越多。这就给孩子社会交往能力的发展带来极大的障碍。所以，忌妒心是孩子的人际智能发展道路上的一块大绊脚石。

另外，忌妒心强还会影响学习。忌妒心强，直接影响人的情绪，而不良的情绪会大大降低学习的效率。

面对忌妒给孩子带来的种种危害，父母一定要重视起来，要让女儿的胸怀变得开阔起来。那么，怎样才能帮女儿克服忌妒心呢？

1. 找到孩子忌妒产生的根源

即帮助孩子正确剖析忌妒心理产生的原因，一般来说，忌妒之心许多人都有，它是人类的一种普遍的情绪。家长要善于把女儿的忌妒心理变成一种行为的驱动力，来推动她产生更大的进取心。有位日本心理学家说过："打消忌妒的理想方法，是靠自己的努力去取得对手以上的地位。"

2. 培养豁达的人生态度

人生本是一个大舞台，每个人都有自己适合的角色。人人各有归宿。要勇于承认有些人有比自己更高明、更优秀的地方，努力向他们学习，奋发图强，把自我的这种好强个性转化为一种内在竞争机制——一种推动自己勇敢向前的力量，从而在社会中实现自己的价值。

3. 教育孩子承认差异，奋进努力

现实中的人必然是有差异的，不是表现在这方面，就是表现在那方面。一个人承认差异就是承认现实，要使自己在某方面好起来，只有靠自己奋进努力，忌妒于事无补，而且会影响自己的奋斗精神。我们应该把"努力改变自己"作为正确的指导思想。家长千万不可用贬低孩子所忌妒的对象的办法来减轻孩子的忌妒心理，那样会导致孩子过多地去看别人的不足而放弃自己的努力。

温馨体贴，帮助女儿摆脱"失败综合征"

如果孩子长期处在情绪的低谷，就会淡忘愉快的体验，找不到快乐的感觉。当孩子处于情感低谷的时候，总是有原因的，他们可能遇到了失败或者是与人发生了争吵，这个时候，父母要讲些贴心的话，做些温馨的事情，让孩子从低谷中爬出来。父母有意识提升积极的情绪，渲染愉快的情绪氛围，是让低沉的孩子重新快乐起来的关键。

失败，这对于孩子，尤其是女孩来说，简直是非常常见的事情。由于连续的失败导致对自身失去信心的现象，在心理学上被称为"失败综合征"。所谓"失败综合征"，即这种失败并不是由于自己缺乏能力，而是来源于心理上的原因，或者根本没有努力而遭受失败。

然而，面对女儿的失败，做父母的你，是怎么帮助她的呢？打骂？无休止地唠叨？这样的方法，能够帮助女儿走出困境吗？

在具体分析这个问题前，还是让我们来看看，女孩为什么容易掉入低谷吧。

1. 女孩在学习的过程中反复失败，这种反复失败的经历可能使孩子感到自己永远也走不出失败这个圈子了。大多数孩子一开始的时候，对自身的能力充满了自信，对自己定下很高的目标。但是，孩子一次又一次没有达到目标，她就可能体验到挫折，会感到对生活环境和学业都无能为力，无论她们如何努力，也无法改变自己的命运。久而久之，她们就会体验到无助感，并放弃努力。

2. 女孩对成功和失败的原因得出了错误结论，形成了认识上的偏差，也会导致"失败综合征"的形成。有"失败综合征"的孩子与其她孩子有一个明显的差别，那就是她们对自己的成功有一种"宿命"的观点，感到成功与失败不是自己能够决定和改变的，而是由外部的、自己无法控制的因素决定的。

3. 父母对女孩的不良评价也会导致她们的"失败综合征"。父母诸如这样的语言都会对孩子的内心产生极大的影响——"连这个都不会，你真笨。""我看你是无可救药了。""你这种成绩，真把我的脸都丢尽了。""你看隔壁家的朱力，你为什么就不能像她一样？"

毫无疑问，这些令人泄气的话对孩子的自信会产生多大的影响。往往孩子的思维是比较简单的、具体的，她们会很大程度地相信成人说的话。如果父母说她笨，孩子可能就会信以为真，认为自己不聪明。总之，父母的消极评价会大大打击孩子的自尊心，使孩子对自己丧失信心，使她们怀疑自己的价值。

面对这样的女儿，心急如焚的你，还在等什么呢？只有鼓励，才能帮助她们渡过难关。

1. 多支持，多鼓励

父母之所以讽刺女儿，很大程度上是因为女儿犯了错，家长由此产生了一种"恨铁不成钢"的心态。但对女儿来说，她可以接受父母的批评，但却不能接受父母的讽刺。因为，此时的她心里也不好受，父母的挖苦，更会让她痛苦不堪。

2. 鼓励女儿参加课外活动

对于纠结于学习成绩的女儿，父母不妨让她多参加课外活动。

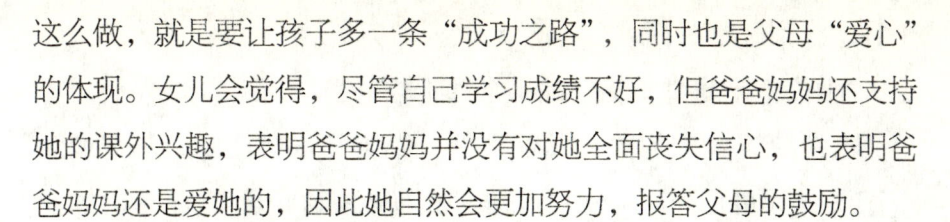

这么做，就是要让孩子多一条"成功之路"，同时也是父母"爱心"的体现。女儿会觉得，尽管自己学习成绩不好，但爸爸妈妈还支持她的课外兴趣，表明爸爸妈妈并没有对她全面丧失信心，也表明爸爸妈妈还是爱她的，因此她自然会更加努力，报答父母的鼓励。

3. 鼓励女儿多体会成功

女儿之所以患上"失败综合征"，正是因为太渴望成功的滋味。因此，父母不妨帮助女儿找到一门她比较感兴趣的学科，集中精力学好这一门学科，以此为突破口，让女儿感受到成功的乐趣和相信自身的能力。

总之，只要父母能多鼓励、多引导，那么女儿就会迅速摆脱"失败综合征"，重新在学业上散发出耀眼的光芒！

没有什么力量比自信更使女孩美丽

俗话说："自信的女人最美丽。"的确，一位女性只要拥有了自信，无论她的外貌多平凡，都会呈现出流光溢彩的美丽。一个缺乏自信心的女人永远也不会有吸引别人的美。没有什么力量能比自信更使女人美丽。

然而，现实生活中总是有些女孩令父母十分头痛：

"她总是很自卑，说自己长得不够漂亮，钢琴弹得不好，跳舞也不好看。"

"如果她做一件事遇到一丁点困难，就想往后退缩，说自己没用，什么都做不好。"

"学校举行演讲比赛，她从来都不敢报名。"

这种缺乏自信的孩子随处可见。少年儿童心理健康研究所对全国各地1000余名6～12岁孩子所做的专题调查表明，约有40%的孩子自称对自己"至少一两个方面完全丧失信心"。让这些孩子感觉丧失信心的原因有：自己的外貌、身高、体重等生理条件比别人差，对自己的学习能力、运动水平和交友本领感到悲观，等等。然而，调查者进一步调查证实，这些孩子不论在外貌还是在能力上，都丝毫不比一般的孩子逊色。

妈妈发现自己7岁的妙妙最近对绘画十分排斥，于是问女儿："妙妙，最近你看上去无精打采的，也不再画画，告诉妈妈是什么原因好吗？"

妙妙沮丧地说："我再也不想画画了。我根本就不是画画的料，根本就成不了画家。"

妈妈听了女儿的话，大吃一惊。女儿已经作了几百幅画，其中有两幅还得过市级的大奖呢，怎么会突然说出这样的话来？

妈妈就问女儿原因。女儿难过地说："上个月新来的老师，说我画的画很糟糕。"

妈妈说："他是你们的新美术老师吗？"

"不是，是我们的数学老师。"

"他根本就不懂绘画，他只是随便说说而已。你要相信自己，你的画都获过奖呢。"

妙妙哭了，摇着头对妈妈说："老师说得对。我发现我再也画不出好看的画来了，每一幅都那么糟糕，我再也不想画画了。"

无论妈妈怎么劝说，数学老师这个随口而出的否定似乎已在女儿心中生了根，女儿对自己的作画能力彻底产生了怀疑，最后做出了放弃的决定。老师一句随口而出的否定，竟然让一个颇有天赋的女孩再也不想画画，可见自信心一旦被摧毁，孩子心灵受到的伤害会有多大。

孩子的自信心一旦丧失，不仅会导致她某个方面能力的丧失，甚至可能还会造成她全面的落伍。如果更严重的话，还会导致孩子可能出现更多的生理上或心理上的异常，比如学习成绩下降、拒绝上学、自暴自弃、厌恶集体活动等，或者表现得对父母和老师过于顺从以致完全丧失自我，经常无端发脾气，或者故意在他人面前表现得十分自负等。

"我的未来是个梦！"没自信的孩子，总是把这句话挂在嘴上。为什么孩子会表现出如此心态，这是由很多原因造成的。有的孩子从小就很消极，他们对任何事情，往往都会做出以偏概全的评价，常常片面地根据某件事情的一方面评估自己的价值，其结果常导致自暴自弃，认为自己一无是处，从而在绝望、不安、极端痛苦的情绪体验中而不能自拔。而到了青春期，这种悲观情绪就到达了顶峰。

而有的孩子之所以不自信，则是因为环境因素造成的。十几岁的孩子生活中充满了压力，他们一方面要接受父母与学校的约束，又要感受同龄人的竞争，因此压力自然不小。而在奋斗的过程中，他们有时会遭遇不可克服的困难，例如繁重的学业、父母的期望、情感问题等。当所有问题都一股脑地扑来时，他们那个尚未成熟的心灵，自然就迅速崩溃。

自信心在人很小的时候就开始萌发了。当你的孩子使用各种方法来取悦你，以期待吸引你的注意和获得你的赞美时，她的自信心就在发展了。所以父母应该在女儿很小的时候就科学、有效地培养她的自信心，让她明白，自己立于人世，必定有不同于别人的个性和特点。如果她不能充分发挥并表现自己的个性，这对于世界、对于她自己都是一个损失。这种意识将会促使她产生坚定的自信，并帮助她事业成功，家庭幸福美满，使她受益终身。我们可以用以下方法来帮助她。

1. 指出女儿的优点

女儿之所以对未来不抱希望，甚至产生轻生的念头，关键就在于她对自己没有信心，认为自己全是缺点。针对此，父母就应当经常谈论孩子的优点和长处，多说说她的举止文雅、乐于助人、待人诚恳、活泼开朗、富有吸引力等。妈妈可以对她说："女儿，真没想到你能一个人通过努力，就把这个问题顺利解决了！继续加油，妈妈看好你！"

2. 帮助女儿学会自我分析

十几岁的孩子自我意识都比较强，因此自我分析能力也随之产生。但是，孩子毕竟是孩子，自我分析能力不像大人那般成熟，因此不能获得正确的结论：有了一点成绩，就沾沾自喜；遇到一点困难，又会垂头丧气。这个时候，父母就应当告诉她自我分析的正确方法，例如参照别人、参照过去。这样，她就能得出准确的结论，从而拥有自信。

3. 帮助女儿从失败中培养自信

对有些孩子来说，她不自信的根源很可能是她怕遭受失败。其实，失败是一个人一生发展过程中的正常现象。父母要以平和的心态来接受女儿的失败，与女儿一起讨论失败的原因，教她学会分析，学会自信。

教女儿从挫折中能找到积极的精神力量

现代家庭大多只有一个孩子，良好的家庭环境让他们觉得事事顺心，很少有被拒绝的时候。久而久之，孩子们也就很少知道这个世界上还有挫折这回事。因此，他们一遇到挫折，心理就承受不了，不是暴躁不安，就是自杀了之，从而给家庭和社会带来了巨大伤害。

曾经在中央电视台的一个栏目中播出了这样一个故事：

温州市七中一名初二女生参加期末考试，进考场时因头发散乱，引起同学们哄堂大笑，老师让她把辫子扎好后再进教室。这名女生后又因迟到时间太长，被老师取消了她参加考试的资格。随后，这名女生就因这些小事自杀了。

这件事在社会上引起了强烈反响，人们在为这个女生感到痛惜的同时，也给父母们敲响了警钟，那就是：家长在给予孩子爱心的同时，更应该多给孩子一些挫折教育，否则孩子遭受一点小事，就会承受不了。

一位女作家曾写过一篇回忆文章，回忆她的父亲在她童年时如何教育她面对挫折。最后，她在文章中饱含深情地写道："正是父亲的这种教育，使我在以后几十年的风风雨雨中能坦然地面对挫折，使我更有了前进的动力。"

给予孩子一定的挫折教育，孩子才能提早意识到：他们并不是生活在与世隔绝的世界里，并不是仅仅生活在家庭这个小圈子里，他们最终是需要融入社会这个大家庭的。在当今社会，竞争越来越激烈，有时会出现千军万马争过独木桥的现象，比如在以后的升学、就业上。有竞争，就必然有失败，就会有挫折，即使是最优秀的孩子，也会遭遇挫折。让孩子适当接受挫折教育，并不是虐待孩子，而是父母的一种"大爱"的表现，是对孩子负责的表现，是十分有助于他们成长的。那么，父母怎样来实施挫折教育呢？

在生活的道路上，极少有人是一帆风顺的，只要是生活在尘世的凡人，都会遭到这样或那样的挫折，有的人在逆境中奋起，做出了惊人的成绩，也有的人没有勇气正视人生，沉沦下去，颓废一生。奋起的人是因为他们将挫折当成了成长中的最好契机，所以，父母不要害怕孩子会遭遇困境，而是教会他们怎么把困境转化为契机。

梁凤仪是香港著名作家，她1949年出生在一个富有的家庭里，因为是家里的独生女儿，从小就备受父母宠爱。然而，在梁凤仪14岁那年，忽然家道中落，父亲的黄金股票生意一落千丈，一家人也从豪华的别墅搬到了廉租屋。

从"有钱人"一下子成为了"中下阶层"，这种心理落差让梁凤仪很难接受。有一次，为了不让同学知道自己家在哪儿，梁凤仪甚至离家出走了。妈妈很着急，找了很长一段时间，才找到了她。回家的路上，妈妈对她说："能过好日子，并不意味着一辈子不过苦日子。你在成功的时候，也应该做好受挫折的准备。贫穷也不意味着永远贫穷。"妈妈的话对梁凤仪触动很大，这场家庭变故也让她体会到了世态的炎凉，从此以后加倍努力，考上了香港中文大学，后来成为了知名作家。

能在挫折中站起来的人是勇敢的，能在挫折中站起来并能把挫折当成"教师"的人是值得钦佩的。一个人如果具有一颗智慧的心，即使处在水深火热之中，也能看见转机的曙光，在庸人的眼中，挫折是成功的绊脚石，而在天才的眼中，挫折也许就是成功的契机。所以，妈妈要让女儿保持一颗平常心，这样才能够战胜挫折，进而把挫折转化成女儿成长过程中的契机。

在世界上，很多著名的人都是从挫折中一路走过来的，比如镭的发现者，玛丽·居里在研究的过程中也是充满了挫折。兄弟、丈夫在实验中丧生，家庭经济因为实验而捉襟见肘。一次又一次的失败，一次又一次的挫折打击着她，但她没有放弃，没有沉沦，而是在一次又一次的挫折中奋起，最终发现镭，获得诺贝尔奖，同时也造福了人类。

当女儿在生活、学习中遇见问题时，父母不要太娇惯她，什么都帮她解决，而是告诉她要拥有一颗平常心，这样才利于问题的解决。父母可以通过以下方法帮助女儿。

1. 要及时发现女儿的异常状况

有时候，女儿会因为各种事情在心里产生压力。压力大了之后，女儿一般都会沉默寡言，眉头紧锁，爸爸妈妈一定不要对她的异常举动视而不见，而是引导她说出自己的压力，然后开导她，让她用一颗平常心把事情解决掉。

2. 培养女儿良好的心态

这就需要爸爸妈妈培养女儿良好的人生观、世界观，让她在挫折面前保持良好的心态；认识到前途是光明的，但道路是曲折的；教育她在挫折面前，多动脑筋，不急不躁，要多想解决问题的办法，多与人沟通等。

3. 让女儿从挫折中能总结出经验和教训

当女儿遭遇挫折后，家长不要总是皱着眉头唉声叹气，而是要善于把女儿遭遇的每一次挫折都当成一次机会，帮助她改正身上的一些缺点和不足。这样，不仅避免了孩子下次再犯同样的错误，同时也会让孩子变得更加成熟。

4. 教女儿从挫折中能找到积极的精神力量

父母可以给女儿讲讲一些著名的人物遭受挫折时是怎样应对的，可以让她去效仿，或者以此来鼓励女儿战胜挫折。

微笑与鼓励，会让暖意在女儿的血液中流淌

有一些家长在思维中认为：必须对孩子保持严肃。的确，严肃能够树立威严，但是，女儿却感受不到来自父母的关心和鼓励。所以，父母应在威严之余，多关心女儿，并用微笑来鼓励孩子。这样，即使一个小小的微笑，也能消除彼此间的争执、冲突、愤怒等不良的情绪。

这天中午，4岁的晨晨正在家里准备吃午饭。这时，妈妈端着一盘炒好的鸡蛋走了过来，把炒鸡蛋小心翼翼地放在了餐桌中央。接着，妈妈说道："小宝贝，开饭啦！"

听完妈妈的"发号施令"，晨晨顿时感觉自己的口水都要掉下来了，因为她最喜欢吃炒鸡蛋！于是，她拿起筷子，用征求的眼光望着桌旁的爸爸。

看着孩子那种可爱的眼神，爸爸微笑着点了点头。于是，晨晨高兴地夹起一块鸡蛋，津津有味地吃了起来。一边吃，她还一

边笑，甚至对爸爸做起了鬼脸，而爸爸自然也是笑容满面，温和地摸了摸她的头。

一顿饭吃完了，晨晨很高兴，总是缠着爸爸，和爸爸撒娇。因为她觉得：爸爸真好，那个笑容真漂亮！

用微笑来鼓励孩子的行为，爸爸最终赢得了晨晨的爱与尊敬。由此可见，适时的关心，以及微笑的力量还是很强大的！

其实，很多家长可能也明白这个道理，知道微笑会给孩子带来积极的影响。可是，他们却很难做到这一点，总是摆出一副严肃的面孔。这些父母总是觉得："自己总对孩子微笑，会不会让女儿得寸进尺，以为自己真的成小公主了？"于是，为了避免想象中的"灾难"出现，父母强迫自己收起笑容，总是像上级对下级那样，从不给女儿一点好脸色。结果，女儿不仅没有认同父母的权威，还产生了反感。她们觉得："爸爸（妈妈）是不是传说中的夜叉呀？要不然他（她）为什么总是绷着脸，这可真可怕！"

正是因为女儿有了这种心理，家长们会发现，孩子与自己的距离越来越远了。她们喜欢和其他小朋友在一起，甚至喜欢与其他叔叔、阿姨在一起，却总对自己保持距离！这样的结局，就是由于父母不懂得微笑造成的。

相反，那些喜欢微笑的家长，却能够和自己的女儿保持着良好的沟通关系。为什么会如此，这是因为，孩子从父母的笑容中，读出了欣赏，读出了鼓励。很多家长都会有这样的体会，孩子给你的一句赞赏常常令你十分感动。成人尚且如此，更何况是需要得到家长赞赏和承认的孩子。可以设想一下，如果你所做的事情没有做好，或者做得不理想，这时候，别人不是训斥、埋怨、数落，而是安慰你，给你宽心，同时还夸奖你的长处，鼓励你的信心，相信你慢慢会做好，用微笑待你，你感觉如何？你一定会感到一种暖意在血液中流淌，从而激发起信心，将让办砸的事情起死回生。

与大人相比，三四岁的小女孩会更加敏感，更能从父母的一个小举动中，感受到截然不同的心理状态。所以，家长不要总是摆着架子，不要总为孩子发愁，更不要一脸严肃地面对孩子。成功的家长，一定会采用微笑的方式与女儿沟通，改进自己教育女儿的方法，找到那种把教育看作游戏的快乐的感觉。而女儿在这个过程中，自然也会感到来自父母的鼓励，从而与父母的距离越来越近！

父母要学会关心、鼓励女儿，不妨从以下几点做起。

1. 鼓励女儿发展"玩"的兴趣

如果带女儿去游乐场，要注意观察她喜欢哪种玩具。如果是家里没有的，你要考虑买一个，来满足她的新兴趣。如果女儿对踢球、玩枪等一些男性化的游戏感兴趣的话，也要鼓励她去做，有个性的女孩子才有魅力嘛！

2. 关心女儿的交友能力，鼓励女儿结交新玩伴

鼓励女儿结交不同的玩伴，不管是同性还是异性，多接触不同个性的孩子，对社交能力有很大的促进作用。

3. 鼓励女儿做事，并适时提出表扬

女孩子很容易产生自卑感，所以要不断地鼓励女儿挖掘自己的自信心，不管她取得多小的成绩，都要表扬她。如果她遇到了难题不要立刻去帮忙，先让她自己去尝试，让她意识到靠自己也能够成功，提升自信心。

4

品格教育，爸妈最容易忽略的问题

关于女孩的教育，不仅仅是让她们吃好喝好，不仅仅是让她们比别人家的孩子考得更好，更重要的是要能够帮助孩子培养正确的思维方法。是要通过自己的人格魅力，通过自己的言行，给孩子品格教育。使孩子在将来的生活中能够养成健全的人格和良好的品格，能够得到幸福的生活。这才是我们教养儿女的最终目的。

让女儿多体验一下助人的温暖与快乐

现在的孩子拥有的物质条件优越，为了他们的智能培养，家长们也是不惜一切力量。课堂之外还有各种各样的辅导班，然后还要学琴、学英语、学舞蹈等。我们舍不得让孩子做家务，怕她辛苦，怕耽误她的时间。我们教给孩子要自我保护，千方百计地让我们的孩子聪明起来。同时也教给了她自私，以自己为中心。在智能、体能发展方面比较占优势，但在个性品德方面却是个弱势。一位儿童教育家说："只知索取，不知付出；只知爱己，不知爱人，是当前独生子女的通病。"他们只知道自己有接受抚爱和关心的需要，不知道别人也有被抚爱和关心的需要。由于缺少"帮助他人"的责任心和义务感，所以当他们一旦进入集体生活，在建立良好的人际关系方面就会遇到较大的困难。

当孩子的自主意识和自发行为还不那么完善的时候，家长自己可以以身作则，做一个好的引路人。

美尼娅是一家律师事务所的高级雇员，这样的职位在美国也算是高收入家庭了。美尼娅的女儿在一所私立学校读二年级，是个很可爱的小女孩。

美尼娅和她的女儿有一个约定，每周要去附近的一个老人公寓帮助那里的老人修剪草坪。美尼娅的邻居是一对来自中国的夫妇，他们觉得一个年收入10多万美元的妈妈带着一个8岁的小女孩去给人家扫地、割草，并且还是免费的，怎么听着都让人不可理解。如果妈妈想满足孩子奉献爱心的欲望，可以花费一点儿钱去找个工人来代替孩子做好了。孩子只需要在一边看着就行。

但是美尼娅认为那完全不是一回事情，妈妈带着孩子一起去做点义工不仅是应该的，还是必需的。如果只是要捐助，那么就应当去找合适的机构。小女孩在妈妈的影响下，做事情也做得很起劲儿，她说："我必须要做这些事情，我妈妈说这一切都是在帮助别人，是每一个人应该去做的。"

也许你会觉得这个小女孩很可爱，可是自己的女儿，一向娇气惯了，即使家长有心去引导她帮助别人，一时之间，也找不到什么太好的方法。

这时候，先别急着给她讲道理，也别逼她去做不愿意做的事情，我们必须要让孩子意识到，帮助别人，本身就是一种快乐，这里面，并没有一点儿勉强的意思。

星期天，爸爸带着小薇去了住在郊区的奶奶家。黄昏的时候，父女俩出去散步，来到一座小桥边。这时候，一位老爷爷骑着一辆车子过来了，车子上装着满满的一车西瓜。过桥要先走一段上坡路，老爷爷使劲儿往上骑，可还是一步一滑，怎么也上不来。爸爸看见了，赶紧跑过去帮助老爷爷推车，小薇也跟在后面，伸出两只胖乎乎的小手跟着推。人多力量大，车子终于爬上了桥。老爷爷一边擦汗一边连声道谢，还非要给小薇一个大西瓜。爸爸说："您别客气，我们做这点儿小事算什么？"然后，父女俩高高兴兴地往回走。

小薇的脸热得红扑扑的，可是心里美得不行，她说："爸爸，我也能帮助别人干活了!"爸爸偷偷地笑了,在他们小时候,家里子女多,父母活儿忙,很少能有空闲时间教孩子们如何做人,可孩子们却在一幕幕温馨而又朴素的场景中,领略了相互关心、相互帮助的快乐,受到了最有成效的教育。"送人玫瑰,手有余香",如果我们能让孩子多体验一下人们互相扶助的温暖与快乐,就会使他们的心灵得到最充足的养分,从而促进他们的健康成长。

关心别人的痛苦和不幸,会使人变得高尚;竭尽全力去帮助别人,会使人变得慷慨;时常为他人着想,会丰富自己的生活,增加自己的内涵。

家长们从自己做起,在日常生活中关心别人,帮助别人,自然会给孩子留下深刻的记忆。

自幼在女儿心中种下感恩的种子

感恩,来自于对人对事的宽容和理解,来自于一种回报他人和社会的良好心态。

每一位做父母的,无不想把世上的好东西都送给孩子。他们宁愿自己辛苦,也要给孩子创造一个舒适的环境;宁愿自己节俭,也要让孩子吃好用好。然而这样做的结果是什么呢?在不经风雨的环境中长大的孩子,对于自己所得到的一切熟视无睹,认为生活本来就该如此。他们很少能够想到:父母为我付出了这么多,我真幸运！我要好好地回报他们。

孩子们感恩心理的缺失，和父母平日里的教导有很大的关系。生活中，家长们重视的是孩子的学习成绩和身体健康，而对于同情、分享、感恩等心理问题关注得不多。事实上，一个人是否懂得感恩，并不是可有可无的小事，即使在成年人的世界里，感恩的心，也足以使我们的生活发生一种奇妙的变化。

感恩是一种宽容、满足、健康的心态。感恩，来自于对人对事的宽容和理解，来自于一种回报他人和社会的良好心态。拥有一颗感恩之心的人，会有一种心理上的满足，宽容大度，对小事不会斤斤计较，因此，也是一个幸福的人。

每个女孩长大后，都不可避免地要面对一个复杂的世界，而感恩却是人与人之间的一种感情纽带，可以帮助我们与别人建立起一种温馨和谐的关系。如果你希望自己的女儿能在未来的环境中获得更多的关爱，感受到更多的幸福，感恩的心是必不可少的条件。

一位母亲给我们讲述了她的故事：

感恩节那天，收到了很多朋友有关感恩的短信，我觉得自己应该对身边的人说些感恩的话。回到家，我对先生说："谢谢你一直以来对我工作的支持和帮助。"又对孩子的爷爷奶奶说："感谢你们帮助我们买菜做饭。"随后我又对女儿说："感谢女儿给我带来这么多的快乐。"大家虽然感到这种方式很新奇，但却都很高兴收到感谢的话语。

接着，我又问女儿："你感谢妈妈什么？"

她趴在我的耳边用悄悄话的方式说："谢谢妈妈给我洗衣服什么的。"

我接着启发女儿："是不是还应该对其他人说些感谢的话呢？"

女儿听了，赶紧跑到爸爸和爷爷奶奶身边，小声说："谢谢爸爸开车拉着我到处玩。谢谢爷爷和奶奶，你们每天接送我上下学很辛苦。"

"是不是还要感谢一下学校的老师呢？比如……"在我的启发下，女儿说出了一连串的感谢：

"感谢 X 老师带我跳舞。"

"感谢 Y 老师教我不会的题。"

"感谢 Z 老师给我讲故事。"

后来，这位妈妈在女儿的作文本里发现了这样一句话："这是一个很有意义的感恩节，我感觉自己真的很幸福。"当我们唤醒了女孩子的感恩意识之后，可以在一些实际的事例中，给她们以更为具体的引导。

教育女孩学会感恩，最好的方法就是引导她去体味他人的心情，然后自然地表达出自己的心情。扬子刚收到姑妈送给她的一件包装好的礼物，她满心好奇，赶忙打开，想弄清楚里面装的是什么。妈妈在一旁看着，问扬子说："当你收到礼物时，跟姑妈说了些什么？"扬子有点不好意思，她说："我光顾着高兴，拿着礼物就跑到卧室里来了。"妈妈说："哦，是这样。姑妈这么爱你，经常送你喜欢的礼物，我们给她打一个表示感谢的电话如何？如果她知道我们也惦记着她，一定会很高兴的。"这种教育孩子要懂得感恩的方法，更具有长远的成效。妈妈不仅给了女儿更多感悟的时间，同时还引导女儿要多考虑他人的感受，让女孩明白"自己的感谢，会给对方带去快乐"。这样，让女孩从小就拥有一颗感恩之心，显然要比单纯地学会说"谢谢"更有益得多。

对女孩来说，感恩应该是父母必须给她上好的一堂人生必修课——让每个女孩都懂得：她降临到这个世界上，每一步的成长和发展，都离不开父母的养育、师长的教诲、朋友的关爱、大自然慷慨的赐予。没有谁对我们的帮助是理所当然的，感恩是认定别人帮助的价值，从而达到更好的感情交流。

有首诗是这样说的：

感激生育你的人，因为他们使你体验生命；

感激抚养你的人，因为他们使你不断成长；

感激帮助你的人，因为他们使你渡过难关；

感激关怀你的人，因为他们给你温暖；

感激鼓励你的人，因为他们给你力量；

感激教育你的人，因为他们开化你的蒙昧；

感激钟爱你的人，因为他们让你体会爱情的宝贵……

家长可以把它教给自己的孩子，让感恩的意识逐渐在他们心里扎根。

培养女孩有节制的好品格

孩子只有从小懂得分寸和节制、责任和义务，才能在走向社会之后进行恰当的自我管理。

人们都说女孩是用"糖果、香料及一切美好的东西"做成的，面对自己可爱的女儿，父母除了无法把星星摘下来给她玩，总是尽量满足她的一切要求,唯恐孩子受了一点委屈。有时候她的要求太过分,家长本想压制她的念头,但一看见她小嘴一噘,马上就要流眼泪的可怜样子,心一软,也就顾不得家庭条件和实际情况了。总之,要先把女儿哄高兴了再说。

结果,大人缺乏理性的爱,纵容了孩子"无限索取"的性格,食品、玩具、好看的衣裳、各种随身用品,要求越来越多,胃口越来越大。在这种境况下长大的女孩,无法培养出俭朴、节制、与人为善、适应环境等种种美德,她的未来不能不让人担忧。事实上,美国人在青少年教育中的一次重大失误,已经给我们敲响了警钟。

1945年第二次世界大战结束后,经济的增长给整个美国社会带来了极大的变化。美国的父母把压抑已久的感情和温暖倾注在下一代身上。有的人认为"爱就是一切",鼓吹"放任自流",让孩子们自行其是。谁知,这一代人倒是幸福地成长起来了,他们享有美国历史上从来没有过的繁荣和最优越的受教育的机会。然而,20多年后,正是在这一代人中,吸毒、早孕、酗酒、自杀、暴力犯罪等丑恶现象五花八门,给20世纪60年代的美国带来一场社会大动荡。从战争中走过来的老一代人,本来以为战争结束了,消除了饥饿,消除了经济萧条,好事情会接踵而来,谁知道富裕的生活反而给青年一代带来了道德的缺失。

一些学者分析了问题的根源——童年时期的放纵。父母们终于发现——是他们亲手把下一代逼上了娇生惯养、放任自流、爱得让人窒息的祭坛!

当我们的孩子也有那种因为物质的丰富而放纵了自己的自然欲望的倾向时,家长们务必在第一时间,把他们引到一条正确的道路上来。

当然,让年幼的孩子学习节制是有难度的。比如对于富裕的家庭,孩子会觉得反正父母挣钱多,享受是正当的,那种什么都舍不得花、舍不得用的观念有些老土;对于条件差一些的家庭,当父母的又担心反复地对孩子强调生活的艰辛和自己的家庭在社会中的位置,会在孩子的心灵中留下阴影。其实这些问题都不是问题,我们只需要让孩子明白:过一种简单的、有节制的生活,是一种先进的生活观念,爱护环境、保护资源,是每个地球人的责任。

比如父母要教育孩子节约用水,可以以水为话题,通过讨论:"水有哪些用处?""地球上的水会用完吗?""什么是污水?"等问题向孩子说明人类的水资源越来越贫乏,污水会造成许多河流和湖泊的污染等。以此类推,我们在生活中常用的煤气和电,吃的粮食和蔬菜,穿的衣服和所用的文具等,都是工人农民辛辛苦苦生产出来的,要耗费大量的人力物力和自然资源,不懂得爱惜,就是对资源的犯罪。

在日常生活中,教育孩子从生活小事做起,爱护我们的家园。节约用水;垃圾要分类投放;多走路少乘车;爱护社区的小树、小花、小草等。当爱护环境、保护资源的观念深入孩子的内心之后,他们的思想就会得到一种升华,从一个放纵自己、娇宠自己的小孩子,成长为一个懂得节制自己物质欲望的好少年。

社会上有一些环保主义者,穿布衣,喝白水,过简单的生活。我们应该把这种生活观念传递给自己的女儿,让她把日常生活和环保意识联系起来,自觉自愿地改正大手大脚花钱、无休无止地索取的毛病。

培养女孩的同情心

同情是人类一种美好的感情,也是人际交往中应该具备的条件之一,人与人之间相互同情、相互关心,那么家庭就充满着温馨和关爱,社会就成为一个和谐的大集体。

培养女孩子的同情心,一方面,可以使她学会关心别人,更好地融入社会,拥有更为和谐的人际关系;另一方面,对他人的同情,也可以充实自己的内心,使女孩子的感情更加丰富和细腻。

同情是在爱的基础上形成的,孩子的同情心尤其需要保护和培植。对于年龄幼小的女孩子,与其给她们讲一些大而无当的道理,倒不如从一些日常小事中,随时对她们加以点拨,唤醒她们心灵中美好的一面。

父母应做一个有心人,善于抓住各种教育契机,敏锐地捕捉孩子日常生活中经常发生的事情。如小朋友病了、摔倒了、没有玩具、心情不愉快等,这些都可以作为同情心教育的内容。先留心观察一下,有孩子摔倒了,你的孩子是主动询问他疼不疼,还是不知所措,或无动于衷,或在一旁嬉笑?小朋友在一起玩耍,有个小朋友不知为什么哭了,你的孩子是走过去问他怎么了,还是视而不见?

孩子的同情认知和同情情感缺乏会导致孩子的同情行为的缺乏。这其中的原因当然是多方面的,有的是因为家庭教育中片面注重培养孩子的独立性、勇敢精神,而忽视培养孩子的同情心;

有的则是由于家长的溺爱，以自我为中心，认为受到别人的关心、爱护是理所当然的，而不懂得别人也需要自己的关心、爱护。

在家庭教育中，我们可以通过同情认知、同情体验和同情行为这三大方面培养幼儿的同情心。

同情认知是产生同情情感和行为的前提和基础，在日常生活中，父母要经常引导孩子观察什么情况会让别人难过，别人什么时候需要自己的帮助。父母还应该随时引导孩子关注困难者，帮助他人。

同情情感是同情行为的内在动机，父母可以通过多种途径唤起孩子内在的情感体验。

父母以身作则，对需要帮助的孩子给予安慰和关怀，使孩子在潜移默化中受到教育。比如在邻居的家里，父母都很忙，照顾孩子的时间很少，有时孩子情绪不好，爱哭，这时，父母可以经常邀他（她）来家里玩，安慰他（她），搂搂他（她），这样不仅能让邻居孩子的情绪有所好转，也使自己的孩子受到感染。

父母可以运用角色转换、移情等方法，引导孩子体验当自己处于他人的情境时的情感、愿望。如，可以问孩子："如果你生病了，你希望别人怎么做？""如果你摔倒了，你希望别的小朋友怎样对你？""如果你不会做游戏或做得不好，你希望别的小朋友不理你、笑话你，还是帮助你？"等，从而让孩子更好地体验、理解别人的情感，知道自己在别人需要帮助时应该怎样做。

随着日常潜移默化的教育，孩子们就会慢慢地理解别人的感受，并随着年龄的增长而慢慢地形成自己的性格。

同情心对于孩子个性的健康发展尤其是情感的发展，以及良好人际关系的建立有着非常重要的意义。富有同情心的孩子往往心地善良，性情温和，惹人喜爱，受人拥护；而缺乏同情心的孩子往往性情怪异，易走极端，不易与人亲近，因而人际关系往往处理不好。不懂得关心人、没有同情心的人，内心里没有晴天。

给女孩一双欣赏人的眼睛

赞美别人的过程，其实也是矫正自己的狭隘自私，从而培养大家风范的过程。

对于女孩子来说，欣赏别人是对他人的一种肯定、一种理解、一种尊重；欣赏别人，既是一种给予，又是一种沟通、一种祝福。我们应该让女儿懂得，你付出了赞美，这非但不会损伤你的自尊，相反还将收获友谊与合作。同时，欣赏别人，又是一种人格修养。赞美别人的过程，其实也是矫正自己的狭隘自私，从而培养大家风范的过程。

在我们的生活中，有阳光灿烂的一面，也有一些不愉快的阴影，而其中的关键在于一个人如何去认识它们。有的父母在孩子教育上忽视了正面教育，言谈举止中会不知不觉地向孩子灌输一些消极的东西。如有人在工作中遇到一些不快，便把社会、人际关系看得一团糟，认为这也不如意，那也不顺心。用灰色的心理感染孩子，影响孩子，使本该感受到阳光和鲜花的孩子，幼稚的心灵慢慢地蒙上了阴影。在这种家庭环境中长大的孩子多半是性格内向、忧郁多疑、心胸不开阔之人。

要想让我们的孩子成为阳光女孩，父母首先要有阳光心态。

注重从正面引导教育孩子，让孩子多看到生活中积极向上的事物，多看到别人的优点和成绩，多设身处地为他人考虑，以健康的心态看待周围的事物。

笑笑要参加"我看交警"征文比赛，她对爸爸说："交警有什么好的，我在路上看到一个交警在推搡三轮车工人。"爸爸认为孩子说的是事实，但这毕竟是个别现象。为了让孩子正确地认识交警，写出交警的闪光点，他在送孩子上学和放学的路上，有意识地引导她去观察身边的交警，让孩子看到，在炎炎烈日或风雨交加的天气，交警是如何坚守岗位，维护交通秩序的。

笑笑很快完成了作文，在这个过程中，她受到了教育和启发，慢慢学会了以正确、客观的心态宽容、善良地对待他人。要创造美满的生活，健康、积极的态度是首要条件，而如果一个人总是看到他人的缺点和社会的死角，他又怎么能够积极热情起来呢？孩子的心灵需要阳光，做父母的，要引导他们以健康的心态看待周围的一切。

教会女儿宽容

女孩子总是娇弱的，尤其是那些一直生活在父母温暖的呵护中的女孩，很容易凡事以自己为中心，总是下意识地期望身边的人事事、处处都把自己放在重要的位置，稍有变故，就会感到自己很受伤。

当别人有一点点过失时，她们便不愿意相互原谅。由于钻了这种思想的牛角尖，常会因为一些不值得一提的小事与人发生摩擦。猜疑、埋怨的心理越积越重，与他人的交往就会产生一定的障碍，许多孤独、忧郁的孩子，多是因为心胸不够开阔，所以才与周围的人格格不入。

这时候，做父母尤其是做妈妈的人，和女儿的沟通就显得极为重要，我们应当指导她们设身处地地为他人着想，做一个宽容大度的女孩子。

宽容是一种美德，一个人过分斤斤计较、事事争强好胜，就会活得太累。而一个女子是心胸狭窄还是豁达大度，和她少年时候的环境和教育有着密不可分的关系。母亲是女儿最好的老师，从某种意义上来说，她是女儿如何面对社会、面对世界的引路人。

我们要教会孩子悦纳他人，拥有一颗宽容的心，与人相处融洽首先要学会欣赏对方，善于发现别人的闪光点，这一点很重要。不能对他人过于苛求，否则，只能是失去朋友、失去友谊。在与他人的交往中，要将心比心，多从对方的角度考虑问题，多体谅和宽容他人。

我们应该告诉孩子，世界上的人和事都是多面性的，每个人无论做什么事，总有他（她）的原因和理由。和朋友相处，都要给对方一个解释的机会，有很多问题可能是因为一时大意或误会而产生的，不说清楚对方就不会了解。就算真的有人伤害到自己，这也是自然现象，人无完人，谁都有犯错误的时候。对别人的过错不计较，自己有了过失，也不必灰心丧气，接受教训，应该把时间用在更重要的事情上面。

当你的女儿长大以后，她就会明白，对于一些小事放不下，就无法真正融入社会，获得成功。而这时候她已经逐渐成型的心胸和性情，将决定她所能达到的高度。一个在宽容教育中长大的女孩子，人际关系一般都不会太差，那么她面前的世界就会宽广得多，也会因此而得到更多的快乐。

孩子的教养，不仅在于你花了多少时间和心血，更在于你采取的是什么态度。职业女性在对孩子衣食的细心上也许不如全职妈妈，但她们心胸开阔、性格独立的特点却会对孩子产生良好的影响。如果你能把职场上最重要的理解能力和宽容思想传输给女儿，相信对她的一生都会有所帮助。

唤醒女儿对美的感触

人们常说女孩子是美的使者，如果她们自己对美的感触不深，又怎么能向外部世界展示出她们美好的情操和丰富的心灵？

亲近大自然是孩子们十分向往和感兴趣的事，然而生活在城市里的孩子长期受到噪声、缺氧、阴暗、拥挤的环境损害，身心机能的发展都受到了干扰。在钢筋混凝土构筑的高楼以及防盗门里，在家长过分呵护和溺爱下，在电视、电子游戏、电脑所制造出来的"狭小空间"中，孩子逐渐丧失了亲近大自然的本性。这犹如在动物园中长大的动物一样，失去了自然生态条件，就势必会失去许多野性和本能，也会促使孤僻、冷漠、偏激、暴戾等心理疾患的发生。

要想让孩子健康成长，就不能忽视环境对于他们的影响。鲁道夫·斯坦纳是灵智学的创始人，在欧洲有着很大的影响。鲁道夫·斯坦纳认为，物质环境对正在成长的儿童非常重要。所谓物质环境，不仅包括儿童身边物质性的东西，也包括儿童感性所能达到的一切活动，包括一切被儿童看在眼里，有道德和没有道德的行为，理性和非理性的活动，这些都能从外界深入，影响到儿童的内在精神活动。

秉承这一教育理念所创办的学校，遍布世界50多个国家和地区，已达到700多所，皆称为华德福学校或鲁道夫·斯坦纳学校。

这些学校校舍周围都有充分的自然空间，使得生活在其中的儿童能够观察和感受自身和大自然的变化节奏，以美的享受来塑造儿童的心灵。

华德福学校的基本立场是发展个人的潜能以及丰富人的心灵。孩子们的成长是个缓慢的过程，需要时间和耐心，需要引导和鼓励，而且，儿童在这个年龄段，是通过身体的活动并参与其中来学习。他们的感觉支配整个人的身心和灵魂，只有通过学生自己的感觉器官和感性体验，才能了解自然界。在华德福学校，果子、茶叶、花籽都是由学生们亲手采摘，还让学生参与小麦的播种、收获、磨面、制作面包，了解自然的同时，也了解到人类的生活。

对于儿童来说，只有全身心地投入，才会感受到大自然造化的美妙，耕地、播种、收获、加工，像一位农民一样亲自参与土地的劳作，亲自品尝收获的果实。他们不仅知道了苹果汁是怎样来的，而且会珍惜来之不易的食物，更重要的是他们认识了人与自然的关系，这种关系不是从书本上学来的，不是老师告诉他们的，而是他们在现实的生活中领会到的，并植根在他们的生命中。反观我们的一些孩子，却很少能有一次到户外上自然课的机会。老师教他们认识书本上的动植物，教他们什么是鸟类，却从来不带他们到野外去观察自由飞翔的鸟；教他们知道什么是植物的根、茎、叶、果，却不领他们去观察一棵从土地里生长出来的活的植物；教他们动植物有什么用，却从不教他们欣赏大自然的美。孩子们从自然课上学到的是死的知识，永远不能触及或打动他们的心灵。

当然，这不是说必须让我们的孩子也去亲身体验华德福学校式的教育，做家长的，可以有意识地带他们走出屋门，感受大自然的美妙。人们常说女孩子是美的使者，如果她们自己对美的感触不深，又怎么能向外部世界展示出她们美好的情操和丰富的心灵？

在春天里，带孩子一起到郊外走一走，共同唱一首《春天》的歌曲："微风吹过小篱笆，把春天送到我的家。太阳出来天气暖，青青的草儿发嫩芽，野外的小河流水啦，篱笆的积雪融化啦……"听着这美好的词句，孩子会感到眼前的景色更富有诗意，情感升华到美的境界。

回顾我们走过的孩提时代，大都从大自然中吸收了许多美的养分，那些快乐的童年往事，叫人难以忘怀，铭刻于心。我们不可忘记自己的童年，也不可忘记给孩子的童年增添一笔美丽的颜色。

对于居住在城市的孩子来说，对大自然的远离是他们心智发展上先天不足的一环。所以，我们应该在这个方面做个有心人，安排出时间来，将孩子的好奇心引向大自然。到郊外去，带孩子观察春天里各种花鸟虫草的变化；也可以带孩子观察夏夜的星空，让他（她）对横亘的银河、闪烁的星星以及盈亏交替的月亮产生兴趣。在大自然的感召之下，孩子的心灵会变得更丰富、更开阔。

强化女孩温柔、优雅的天性

通过规范女孩的言行举止，来唤醒她们的性别意识，强化她们温柔、优雅的天性。

在孩子的成长过程中，家长们往往会把注意力放在他们的学习成绩和身体健康上，而对于性别差异的认识相对较弱，没有对男孩和女孩分别地采取不同的教养方式。于是，在生活中，小姑娘不喜欢穿裙子，走起路来大大咧咧，男孩子说话细声细语，喜欢照镜子打扮的现象经常可以看到。

有专家还指出，孩子出现"性别错位"，根本原因都是家长的教育方式不恰当，无意中抹杀了幼儿自身的性别意识，"男女分教"这种国际先进教育理念应在国内及早推广。

对于正处于小学阶段的女孩儿来说，家长们的首要任务，是通过规范她们的言行举止，来唤醒她们的性别意识，强化她们温柔、优雅的天性。

妈妈是女孩子最容易模仿的对象，她们对于女性行为标准的认识，往往是从母亲开始的。所以，培养淑女，更需要妈妈言传身教。生活中常常会有这样一种场景：妈妈教导女儿说："小姑娘不可以这么大声说话。"结果，女孩儿会悄悄地嘀咕："妈妈不开心的时候，和爸爸也是这么大声说话的。"这就需要当妈妈的尽量克制自己，无数事实证明，母亲的一言一行对女儿的影响是巨大的。如果母亲是大嗓门，那么女儿讲话也必然不能细声细语；母亲行为无所顾忌：女儿必然也会大大咧咧……所以想让女儿有女孩子的样儿，妈妈做得如何是关键。母亲本身是一个优雅的女性时，再纠正女儿的一些不良姿态，她也容易听得进去。

女孩儿走路，肩膀乱晃，大大咧咧是有碍观瞻的。家长应该提醒她们挺胸抬头，两眼平视前方，身体重心落于足的中央，双臂靠近身体随步伐前后自然摆动。行走路线尽可能保持平直，步伐适中，两步的间距以自己一只脚的长度为宜。走路脚步要放轻，不要走得咯咯作响，遇到急事时，不要急不择路，慌张奔跑。至于平日的坐卧举止，若有让人看着不舒服的地方，家长也要不厌其烦地给予矫正。这些地方看似是小事，其实对于女孩子保持良好的个人形象意义重大，并能对她以后的生活产生深远的影响。

除了规范人体行为举止之外，我们还要让孩子了解个人举止行为的禁忌。比如在一些公众场合，应力求避免从身体内发出的各种异常的声音，咳嗽、打喷嚏、打哈欠等，均应侧身掩面再为之。文雅起见，最好不要当众抓耳挠腮、挖耳鼻、揉眼睛，也不可随意剔牙、修剪指甲、梳理头发等。若身体感觉不舒服，非做不可，就应该去洗手间完成。出洗手间时，一个人的样子最好与进去时保持一致，或更好才行，像那些边走边扣扣子、拉拉链、擦手甩水等行为都是失礼的。

在大庭广众之下，不要趴在或坐在桌上，也不要在他人面前躺在沙发上；对陌生人不要盯视或品头论足；当别人在进行私人谈话时，不要去打搅他人；当别人需要自己的帮助时，要尽力而为；看见别人发生了一些不幸的事情时，不应该去嘲笑他人，也不可跟着起哄。

好习惯的培养，需要爸爸妈妈的耐心。当孩子一时做得不够好时，父母不要着急，不要训斥，只是要告诉她应该怎样做。有一位刘先生，他的女儿非常优秀，现在已经出国留学，获得了博士学位。

他说自己教育女儿的方法，是从一年级下的工夫。孩子上了小学，他就告诉她应该怎样吃饭，怎样进行日常活动，怎样写作业。在这一切活动中，保持正确的姿势是非常重要的。他有一根小棒，他管它叫"教女棒"。这根小棒很小，跟筷子一样细。爸爸就坐在旁边，看到孩子的姿势不对，就敲她一下，这都是很轻的，不是打孩子，就是提醒她。

坚持了半年时间，孩子就跟人家不同了，坐有坐样、站有站样，连写的字都规范漂亮起来。培养小淑女，不是一朝一夕的事儿，但是当家长的只要下足了工夫，则成效日见，当我们看到自己的女儿举止日渐优雅的时候，心中的快乐则可以抵得上平日里的辛苦了。

我们必须让自己的女儿意识到她是女孩儿，应当有与自己女孩身份相符的言行举止，这对她以后的成长有着极为重要的意义。其一，可以使她的个人风格符合社会对于女性的价值取向，使她拥有一个宽松的大环境；其二，可以逐步强化她的性别意识，促进其心理的健康发展。

让女孩学会关心并享受被关心

我们需要被他人关心，也乐于接受别人的关心，渴望生活在关心的氛围之中。有一位女数学家，曾在科研领域上作出过卓越的贡献。尽管她在事业上出类拔萃，然而她却是一个情绪障碍症患者。她性格孤僻内向，成天关在小房间里看书学习，演算公式，攻克难题，几乎没有任何人际交往。她为人沉默寡言，给人一种"古怪"的印象。40岁时才在家人的催促下结了婚。结婚时，她不知道该如何操办婚礼，婚后不知道上哪里去购买生活用品。由于过分内向离群，对外界反应不敏感，社会适应力很差。女数学家所表现出来的情绪障碍症状，心理治疗学上称之为淡漠症。淡漠症患者往往表情淡漠，缺乏强烈或生动的情绪体验。他们对人冷淡，甚至对亲人也是如此，缺少对他人的温暖与体贴。他们几乎总是单独活动，主动与人交往仅限于生活或工作中必需的接触，除一般亲属外无亲密朋友或知己，很难与别人建立起深切的情感联系。

关心和被关心是人类的基本需要。在人生的每一个阶段，我们随时需要被理解，被接受，被认同，但是现在的孩子们，缺乏兄弟姐妹在一起玩乐的友爱，所以大都养成了很"独"的性格。这样的孩子，在青春期如果依然独来独往，没有可以在一起分享快乐、分担烦恼的同学和伙伴，成年后，她的心理就有可能出现问题。

女孩子的性格本来就有些内向和怕羞，有时候，她们宁愿让电视、电脑、电子游戏陪伴着自己，也不愿意主动伸出双手交朋友。在这种情形下，家长的态度，可以给她们一些积极的影响。

儿童教育专家详细分析了不同类型的孩子有孤独倾向的原因，当我们面临类似的情况时，就可以用不同的方法来给予孩子恰到好处的帮助。

不合群的原因之一：常受到指责和呵斥

这类孩子通常有过说错话或做错事而受到指责和呵斥的经历，她在一次又一次被否定之后，会不知所措，认为自己不如别的小朋友聪明，与其说错话，还不如沉默。

父母对孩子应多加鼓励，尤其对于她的优点、正确的行为要时不时地给予夸奖。即使她做错事或说错话时，也应委婉地告诉她错在哪里，应该怎么做。同时，可以先帮助她邀请一些小朋友来家里玩，渐渐地，让小朋友也能接受她进入他们的集体，从而让孩子能树立足够的信心进入交际圈。

不合群的原因之二：过多地得到妈妈的保护

如果孩子在妈妈面前活蹦乱跳，而对外人却沉默寡言，那么多半妈妈是她生活中的代言人。没有妈妈，孩子就好像和世界失去了联系，妈妈的行为在无意中纵容了孩子孤僻性格和挫败了她独自面对世界的能力。

首先，妈妈要调整与孩子的关系。鼓励孩子和周围的叔叔阿姨们打招呼，注意礼貌，而且听了大人们说了些什么，也可以大胆地表达自己的意见。同时要给孩子创造一些条件，譬如她想吃巧克力，妈妈可以给她钱让她自己去买，如果她不想去，就吃不到。直到他（她）愿意去做，并且从中发现这是很容易做到的。

不合群的原因之三：固执和倔强的性格

有的不愿意交际的孩子很有性格，他们拥有的意志和小动物一样顽固。在成人面前，他们不愿意开口，但是他们能认真地听并理解大人说的话，比其他孩子更能准确地判断所发生的事。这样的孩子更希望和她在一起的小朋友对她言听计从，被她呼来唤去。而他们有时不愿意开口，多半是骄傲的个性使然。

父母要让孩子掌握足够多的交际技巧。一方面，要鼓励孩子和大家友善交往；另一方面，在孩子出现矛盾时要及时化解。要告诉孩子多看到小朋友的优点，对小朋友有意见时应尽量悄悄地和他们说，并且态度要温和，还要说出理由，这些适用于成人世界的交往规则，孩子同样应该了解。

让孩子摆脱孤独，快乐地融入人群，不仅可以增进她与人交往的能力，更可以提升她的合作能力、理智思考能力，为其未来的成长增添成功的砝码。

有些孩子不太会与他人同乐，尤其是一些独生子女，在家里缺少伙伴，比较孤独，所有的食品可以一个人吃，所有的玩具可以一个人玩，所以当他们处于集体之中，往往不知道该如何融入人群。家长应该教会孩子与他人同乐，获得心理上的健康发展。

别让你的女儿太"自私"

在孩子身上投注了过多的关爱，会使她们逐渐形成一种错误的认识：我很可爱，我很了不起，大家爱我、关注我是天经地义的。

现在十余岁的孩子，多是在父母的娇宠中长大的。有时候，甚至是爷爷奶奶、姥爷姥姥、爸爸妈妈几个大人围着一个孩子转。这种做法，将对孩子的心理和性格发展产生什么样的影响呢？

其实，孩子就像一棵小树苗，家人给予她们的爱，就像是她们生长的养分。营养不良，小树苗固然生长不好，而营养过剩，小树苗吸收消化不了，营养反而就成了一种负担。这种问题对于女孩子尤其严重，因为女孩大都心思敏感，较注意人与人之间的相互关系，太多的爱，会导致她们自己也跟着娇宠自己，想问题和做事情常常会以自己为中心，因而容易形成任性、自私的个性。

事实上，许多父母也知道溺爱孩子有害，但却分不清什么是真爱，什么是溺爱。下面是溺爱的几种主要表现形式，父母一定要谨慎对待。

1. 特殊待遇

孩子在家庭中的地位高人一等，处处特殊照顾，如孩子爱吃的东西放在她面前只让她一个人吃，爷爷奶奶可以不过生日，孩子过生日得买大蛋糕，送礼物……这样的孩子自感特殊，习惯于高人一等，必然变得自私，没有同情心，不会关心他人。

2. 过分注意

一家人时刻关照她，陪伴她，亲戚朋友来了围着孩子都逗着玩，一再欢迎孩子表演节目，掌声不断；家里人都围着她转，并且一天到晚不得安宁，甚至客人来了闹得没法谈话。

3. 轻易满足

孩子要什么就给什么，孩子的满足得来的非常轻易。这种孩子必然会养成不珍惜物品、讲究物质享受、浪费金钱和不体贴他人的坏性格，并且毫无忍耐和吃苦精神。

4. 害怕哭闹

由于从小迁就孩子，孩子在不顺心时以哭闹、不吃饭来要挟父母，父母就只好哄骗，投降，依从，迁就。害怕孩子哭闹的父母是无能的父母，这会在孩子性格中播下了自私、无情、任性和缺乏自制力的种子。

5. 当面袒护

有时爸爸管孩子，妈妈护着，有时父母教孩子，奶奶会站出来说话，这样的孩子会全无是非观念，因为她觉得自己时时有"保护伞"和"避难所"，这不仅会使孩子性格扭曲，而且始终无法学会如何面对错误。

父母毫无原则地娇惯孩子，可以表现为很多方式，而我们以上所列举的几条，都属于在孩子身上投注了过多的关爱，而使她们逐渐形成一种错误的认识：我很可爱，我很了不起，大家爱我、关注我是天经地义。林竹是个聪明漂亮的女孩。她的爸爸是一家大公司的经理，妈妈在一家医院里当医生，家庭条件比较优越。

在家里，她是爸爸妈妈的掌上明珠，要什么有什么；在学校里，她成绩优秀，是老师宠爱的"尖子生"。

良好的家庭环境，父母的疼爱，老师和同学们的赞誉，使林竹产生了一种飘飘然的感觉，林竹的爸爸妈妈也经常在别人面前夸奖自己的女儿，为有这样一个聪明美丽的女儿而自豪。所有的这一些都助长了林竹的自满和自傲的情绪。

渐渐地，林竹变了。在家里，她只要稍稍不顺心就对爸爸妈妈发脾气；在学校里，更爱表现和炫耀自己，和同学们相处，事事都要拔尖儿，认为所有的好东西、好机会天生就是应该属于自己的。这样的一个女孩，大家当然都不会喜欢，于是同学们开始疏远她，林竹一个好朋友也没有了，课间大家玩游戏的时间，只有林竹一个人远远地站着看着。本来是要爱孩子的，培养出她自私自利的性格后，就是害了孩子。那些凡事以孩子为中心的父母，此时可要警醒了。聪明活泼的孩子谁都喜欢，可是我们也要经常问一问自己：孩子是不是有点"以自我为中心"？"她会设身处地的替别人着想吗"？如果答案不那么令人满意，我们就有必要调整自己的教养方式了。

孩子是自私自利还是热情大度，和父母的教育方式密切相关。父母的教育方式正确，孩子就会懂得分享、合作，与人友好相处；父母的教育方式不正确，孩子就会渐渐地凡事都以自我为中心、自私自利、斤斤计较，表现出不合群的倾向。

5

植根礼仪，教出一个知书达理的小淑女

　　对于礼仪教育，更多的家长并不是期望孩子在性格上有所改变，而是更注重礼仪举止的培养。事实上，许多家长都认为，不管活泼外向或是文静，孩子的性格是天生的，不能强加改变，也很难短期塑造。但作为一个女孩，从外表、内心到社交礼仪，仍应该具备淑女的风范，要懂得在什么样的场合该有怎样的表现。

礼貌使有礼貌的人喜悦

中国曾有"君子不失足于人，不失色于人，不失礼于人"的古训，意思是说：有道德的人待人应该彬彬有礼，态度不能粗暴傲慢，更不能出言不逊。由此可见，礼貌待人是我们中华民族的优良传统。

孩子虽然不是成人，但与他人交往，要有尊重他人和友善的态度，一个没有礼貌的孩子，是不受欢迎、不讨人喜欢的，就相当于关闭了与他人进一步交往与合作的大门。尤其是与人初次见面的时候，礼貌待人更加重要。孩子有了礼貌待人的行为习惯，是他（她）学会做人、学会做事的基础，对他（她）将来为人处世有很大的益处。"知心姐姐"卢勤提倡让孩子们学会"文明礼貌"三句话，这包括：

见面时要说："早上好！""您好！"让美好的一天从一句亲切热情的问候开始。问候父母长辈，问候老师同学，在这简单自然的问候中，孩子们不知不觉就塑造了自己在别人心目中的美好形象，增进了友谊。

道歉要说："对不起！""请原谅！"出了错，应该懂得道歉。向人道歉，就是承认自己的言谈举止或某些做法不妥，并把愧疚的心情传达给对方，请求对方原谅。打扰了别人，给别人带来了

5 植根礼仪，教出一个知书达理的小淑女

不方便，如果能及时说一声："对不起！""请原谅！"就会修补自己已经受到损坏的形象。

致谢要说："谢谢您！""给您添麻烦了！"每当别人给了自己任何方便和照顾时，要及时地表达谢意，即使这种帮忙和照顾是对方分内的事或只是举手之劳，我们也要表达出自己感激的心意。培养孩子讲究文明礼貌，我们可以从生活中的点滴做起。欣欣同爸爸一起去商店买东西。"阿姨，请换一杯酸奶，好吗？"欣欣踮起脚，笑眯眯地请求阿姨。欣欣很快拿着换回的酸奶来到爸爸身边。"欣欣，你后边的那个叔叔也在换酸奶，阿姨没有像对待你那样痛快地换给他，你知道这是为什么吗？"欣欣摇了摇头，因为她没有注意到后边的叔叔。

爸爸告诉欣欣：那位叔叔没有用礼貌用语，欣欣在换酸奶时用了个"请"字，所以，阿姨愉快地换给了欣欣。家长着眼于关注女儿的成功行为、正确行为，对此有目的、有重点地给予诱导。当女儿出现不礼貌行为的时候，父母便与其一起分析原因，逐渐在女儿心中形成"条件反射"式的礼貌。一般来说，女孩的接受与模仿能力相对较强，如果在她们身边，父母师长待人接物都讲究文明礼貌，并耐心地指导女孩子与人相处时如何说话，那么她们很快就能变得彬彬有礼，各种敬语也会说得自然流畅。不像一些男孩子，"口拙"、"嘴硬"，越是悉心指导，越是有表达的心理障碍。

于是，家长们看到自己女儿的礼貌表现，心中就满足了，认为文明礼貌的教育已经大功告成。其实，所谓礼貌不仅仅在于表面上的言辞，因为我们的目标是培养存善意、懂礼让的优秀女孩，而不只是拿腔作势的"小淑女"。

有些女孩在他人面前表现得彬彬有礼，但一不小心，却开始刻薄他人，比如她们会说"妈妈，那个男孩什么都不懂，真不会说话"；"那个阿姨长得好丑"；"李奶奶笨手笨脚，把杯子里的水都碰洒了"。这种无礼的言语，比不用敬语更加严重。做父母的，要教孩子将心比心，体会别人的感受与反应，我们可以问孩子："如果别人也这么说你，你会不会很难过？如果会，就不要这么说别人。"也要提醒孩子，常常说这种话会得罪人，没有人喜欢跟她做朋友。人与人之间，要相互尊重，这才是真正的礼貌。

教给孩子文明礼貌，需要学的不只是"请"和"谢谢"，而是应以正确的态度处理和他人的关系。孩子们要学习的，不只是礼貌的言辞，还要有礼貌的内心。

孟德斯鸠说："礼貌使有礼貌的人喜悦，也使那些受到人家礼貌相待的人们喜悦。"礼貌待人是指人们在与他人交往中，所应有的品行和礼仪。文明礼貌是社会交际对个人的基本要求，也是个体融入群体的重要资本。

告知女儿礼貌对自己的重要性

当孩子有不礼貌行为时，大部分家长的反应是训斥、批评，而没想过一个关键的问题，那就是孩子根本就不知道礼貌是什么，什么行为是有礼貌的，什么行为又是没礼貌的。要让孩子懂礼貌

5 植根礼仪，教出一个知书达理的小淑女

有礼仪，第一步当然是告诉她什么是礼貌，为什么要讲礼貌。家长要有意识地在不同场合、根据不同对象教给她具体的做法，让她感受礼貌带来的良好反响，体会讲礼貌带来的便利与快乐。

孩子都是可爱的，我们想要我们的孩子变得有礼貌，首先要尊重我们的孩子，让她知道，我们的行为是因为我们热爱、尊重和珍惜她们。这样，孩子才会感觉到自己是个有价值的人，并愿意接受我们的教育。

颖颖的妈妈正在跟亲戚闲谈，7岁的颖颖走过来拉她的胳膊，她要喝苹果汁，而且是马上。颖颖妈说："乖宝贝，稍等一会儿，我就给你去拿。"然后又回过身说起话来，颖颖突然大叫道："妈妈，你给我闭嘴！"

女儿这样的对待，使母亲感到羞辱，但是使她真正感到悲伤的是，颖颖这样对她不是一次两次了。"颖颖在家里经常用这种粗鲁的态度说话，而平时我不甚注意，这次我之所以注意到她的态度是因为她是当着客人的面这么说的。"

事情怎么会发展到这种地步？当然，很多人会指出媒体的不良影响。的确，任何看儿童频道的人都会很快发现，儿童节目充斥着这类随便对大人回嘴谩骂的现象，但是父母在养成孩子这种无法无天的态度方面起了决定性的作用，而有时候我们是在善意与不知不觉中起了这种作用的。

一个3岁的女孩在被妈妈多次批评没礼貌之后，问妈妈："你老说我不懂礼貌，到底什么叫礼貌呀？"至此，妈妈才醒悟，一个刚3岁的孩子对于抽象的礼貌是不理解的，因而也无法要求她有礼貌的行为。要让孩子懂礼貌有礼仪，第一步当然是告诉她什么是礼貌，为什么要讲礼貌。

教育孩子尊重长辈，做父母的应以身作则。如果当父母的对长辈就不尊敬、不孝顺，孩子就不可能学会尊敬老人。

让孩子明白，用不礼貌的方式表达要求，得不到好效果，比如"你从来不带我去公园，妈妈坏！"可以教孩子用积极的方式提要求，比如"咱们去商店买完东西以后能去公园吗？"随着孩子语言能力的成熟，他就能用礼貌的方式提出要求了。

如果孩子打你或叫你"大笨蛋"时，怎么办？这时候，家长最重要的是保持平静，然后坚决地告诉他这样做是错的。然后，还要告诉他用正确的方式表达自己的要求。

如果孩子在超市或商场大哭大闹，非要买一件东西，你想尽办法也哄不住他，怎么办？这时要心平气和但坚决地把孩子带出超市。找一个较安静的地方，把他放在一边，你看看报纸，等他安静下来。这时，可以平静地对孩子说："说好了今天不能再买玩具了，今天来买菜。然后带他回到超市里。这样，孩子就明白，自己哭闹是没用的。"

那么，究竟怎样才能培养出一个有礼貌的好孩子呢？不妨从下列方法入手。

1. 让女儿知道什么叫礼貌

当看到女儿有不礼貌行为时，大部分家长的反应是训斥、批评，而没想过一个关键的问题，那就是——女儿根本就不知道礼貌是什么，什么行为是有礼貌的，什么行为又是没礼貌的。父母应有意识地在不同场合、根据不同对象教给她具体的做法。如对长辈说话时要使用"您"，早上主动向认识的人问好；分别时要说"再见"；请求别人帮助时要用"请"；得到帮助后要说"谢谢"；对长者不能称呼姓名或叫老头，而要称呼"老爷爷"、"老奶奶"、

"叔叔"、"阿姨"等；别人工作时不去打扰；不随便打断别人的谈话；不任意插嘴；家里来了客人要有礼貌地回答客人的问话；到别人家里不随意动东西……

2. 反复练习形成良好习惯

好习惯的养成，不是靠说出来的，而必须通过不断地练习才能形成。在告诉女儿什么是礼貌之后，父母要创造条件，让孩子在多次重复的基础上，自觉地去做，习惯成自然。比如，每天都要搭乘电梯好几次上下楼，可以教孩子一走进电梯先向开电梯的叔叔、阿姨或爷爷、奶奶问好。别人帮着按了楼层，要说"谢谢"。离开电梯时，要向电梯里的人说"再见"。每天这样练习，她自己就会主动地问候了。另外，家长还可以让孩子去给邻居送信、水果等，教她如何敲门，怎样和叔叔、阿姨讲话等。

3. 及时制止女儿的不礼貌行为

让女儿明白，你愿意在她对你有礼貌时答应她的要求，而不喜欢听到她命令你。这当中要注意的是，你自己与孩子说话也不要用命令的语气，因为，孩子的模仿力是极强的，父母就是她人生最重要的第一任老师。你应该经常对你的孩子说"请"、"谢谢"，让她明白礼貌用语是日常交流的一部分。

4. 表扬女儿的礼貌行为要具体

"鼓励"应该贯穿于教养女儿的全过程。对那些已养成坏习惯的孩子，表扬就更为重要。父母应留心孩子的行为，尽可能地鼓励她偶然的礼貌行为。不过，要让女儿明白你为什么表扬她。你应该在表扬她的时候，具体说明你表扬她的原因。家长们往往只说"好孩子！""真不错！"实际上，应该具体地说："你刚才要糖吃的时候说了'请！'，真是个好孩子！"或者"你刚才排队等其他小朋友领完冰淇淋才自己领,做得真不错!"你的表扬要具体明确,这样孩子才知道自己好的表现会得到你的肯定和鼓励,应该坚持下去。

告诉女孩,什么才是真正的淑女

女孩的淑女气质最应该从小养起。这种内在气质对于女孩来说都是很重要的。人们看一个人,表面印象固然很重要,但是时间久了,内在气质往往能左右一个人对你的看法。因此,培养女孩的内在气质显得尤为重要,而第一步就是教会女儿如何礼貌待人。

提起礼貌待人,很多父母都很自信,因为女孩不像男孩那样调皮捣蛋,她听话、懂事,似乎培养起来更容易一些。还有的家长自豪地说:"我的女儿很听我的话。当别人送给她东西时,我让她说谢谢,她立马恭恭敬敬地道谢。""带着女儿去串门,她欺负人家的孩子。回家后我批评了她一顿,下次她再也不敢欺负人了。""有一次,女儿踩了小朋友的脚,连声对不起都没说。我当场就骂她不懂礼貌,从此她只要做错了,总会说声对不起。"

家长的这种方法看似很奏效,但是女儿是不是从心底真正接受了呢?这可不一定。因为她没有把说"谢谢"、"对不起"这些礼貌行为看成是自身必备的,而是当成了父母所要求的,所以对

5 植根礼仪，教出一个知书达理的小淑女

培养她淑女气质起不了多大的作用。

一次，云云家来了客人。爸爸正在和客人谈话时，云云突然跑到爸爸身边说："爸爸，爸爸，刚才我看到楼下有一只狗，我好喜欢哦。你也给我买一只吧。"

爸爸非常不高兴地推开云云说："怎么这么不懂礼貌，没看到我和叔叔在谈话吗？下次不准打断别人谈话！"

云云低下头走出了房间，但是她还是弄不明白："为什么我不能打断别人的谈话？我和小朋友说话的时候，爸爸为什么就能打断？爸爸不让我说话我就不说好了，有什么了不起的！"

由此可见，用粗鲁的批评方式教育孩子懂礼貌，表面上起到了很好的效果，但是并没有深入女儿的内心深处。那么，爸妈怎么教育女儿懂礼貌，才能深入女儿内心，培养她的淑女气质？这要从言谈举止上入手。

所谓言谈举止得体，是指一个人的言行非常符合这个人的身份，他的举止也非常适合他当时身处的环境。而小淑女的标准则是具有她们的年龄应该有的天真纯洁、活泼可爱，有礼貌、有教养。可是，很多看上去漂亮可爱的小女孩，却往往做不到这些：

"我女儿在家挺能说的，可不知道为什么一出门就变成了哑巴。"

"面对陌生人扭扭捏捏，连声招呼也不打。我平时不是这么教她的。"

"到了学校就缩到一边，不跟老师说话，不和小朋友玩游戏。我看着就烦心。"

"一个女孩家家的，总是大大咧咧，做事跟假小子一样。到别人家也不知道拘束，大吵大嚷的，一点也不淑女。"

111

有些父母也会这样描述自己的女儿。的确，作为女孩来说，彬彬有礼的举止、得体的谈吐会赢得所有的人好感，这也是小淑女的必备条件。但是，很多女孩一踏出家门就变得很拘束、局促不安、胆怯怕生，遇到事情就藏在父母后面畏缩不前。还有些女孩则大大咧咧、无所顾忌，活像个让人头疼的"假小子"。这是为什么呢？

女孩从一出生就生活在一个复杂的环境中，父母是自己最先交往的对象，父母的言谈举止潜移默化地影响着她。随着时间的推移，她的圈子就会扩大到亲朋好友和小伙伴，这期间总有一个由陌生到熟悉的过程。

如果父母过度溺爱女儿，替女儿包办一切，就会造成女儿没有主见的性格，一见到陌生人就畏首畏尾，无所适从。还有的父母怕女儿出去有什么危险，或者受到什么伤害，总是把女儿关在家里，不让她跟外界接触，那么一旦女儿出门了，也会变得局促不安；而有些假小子，看上去不像一般的女孩那样细心、敏感、容易为一些小事掉眼泪，她的不拘小节和大大咧咧则可能是因为父亲或者母亲也是十分豪爽的人，女儿继承了父母的这部分性格。

因此，无论是胆怯、不爱说话的女孩，还是叽叽喳喳说个不停的女孩，总是给人留下不好的印象，大多数人还是喜欢那种举止得体的小淑女。那么，家长该如何把自己的女儿打造成言谈举止得体的小淑女呢？

1. 多带女儿串串门儿，请客人来家里坐坐

大多数家长出门都不喜欢带着女儿，总觉得带个"跟屁虫"不是那么方便，或者觉得女儿淘气不乖会让自己十分恼火。其实，家长们大可不必担心。只要你为女儿做好充分的心理准备，女儿

还是会很乖巧的。

所以，我们不仅要带女儿多串门儿，还要在去之前向女儿介绍造访的对象，让女儿有充分的心理准备，消除陌生感。经常与大人接触的小孩，会被大人之间的礼貌交往所影响，既能增加自信、开拓视野，也能学会与人交往，进而成为举止得体、落落大方的小淑女。

2. 注重自身形象

女孩善于模仿别人，而父母是女儿很好的模仿对象。所以，父母要想把女儿培养成一个举止得体的小淑女，就应该先做一个举止得体的贵妇、绅士。

3. 不要强制女儿懂礼貌

有的家长看到自己的女儿不懂礼貌，就非常严厉地教训女儿说："你这样是不对的，太不懂礼貌了，下次不准这样！""不准抢小朋友的东西，再抢就打你的手！""再让我听到你骂人，以后就什么也不给你买了。""以后要懂得跟客人说再见，不能再忘记了，说了你多少次了！"

面对女儿的不礼貌行为，很多家长总是粗暴地制止。这种做法看上去效果似乎十分明显，但是女儿却很难真正从内心接受。她只不过是被父母的呵斥吓住了，被迫按照大人的意思执行。因此，家长不可过于粗暴、严厉地对待女儿讲礼貌的问题，应该多跟她沟通，把道理说给她听。通过讲道理来告诉女儿礼貌待人的意义，女儿会更好地接受父母的建议，也就会自觉养成礼貌待人的淑女习惯了。

从着装到行为，言谈举止提亮淑女特质

当一个女孩举止优雅、行为得宜、穿着大方、言语得体时，人们总是忍不住喜欢她。无论时代如何变迁、年青一代的审美观如何变化，女孩父母们的观念也不会变化，他们最希望看到的依然是——孩子，还是要有女孩子的样子！何谓女孩的样子，毫无疑问，举止优雅要排在第一位。

"见面打招呼，临别说再见，得到帮助说谢谢，做了不恰当的事说对不起……举止得当，彬彬有礼。"谁都想自己的孩子有礼貌懂礼仪，可是，怎样培养一个有礼貌懂礼仪的孩子呢？

女儿那些不太合适的言谈举止，我们更应该反思出现这种情况的原因！不少家长说，都是跟儿童节目学的，像"你给我闭嘴"、"你是我老板吗？"这样随便对大人回嘴谩骂的话，充斥在现在的儿童节目中。但我们要反省的是，冰冻三尺，非一日之寒，当你的女儿第一次说这样的话时，我们是及时制止，还是一笑了之或不予理睬？有时候，我们在善意与不知不觉中，其实助长了无礼与粗鲁。

当你的女儿行为不够得体的时候，父母可以通过提高她们的情绪管理与沟通的能力，来达到有礼貌的目的。也许她们并不是不想去做，而是常管不住自己，或者是表达有些问题，词不达意，

才出现了这种情况。

不过，无论什么时候，父母的以身作则永远是最重要的。潜移默化中，教孩子要懂得礼貌，即便她一时不理解"尊敬"、"谦让"等概念的确切含义，但只要父母每天都用尊敬、谦让的态度对待别人，孩子就会注意进行模仿，这些都是孩子今后形成良好家教的基础。

俗话说得好，台上一分钟，台下十年功，一个彬彬有礼的孩子背后，是父母的长期言传身教与引导。其间，有困难、有曲折，但教育的原理就是滴水穿石，只要坚持，就一定能收获果实。

那么，我们究竟应当怎样去约束女孩子不当的言行、一点一滴地培养起她们的小淑女气质呢？

1. 教会女儿面对他人时的举止

父母要教育女儿，与人交往要表现出对他人的尊重、理解和善意，要面带自然微笑，千万不要出现随便剔牙、掏耳、挖鼻、搔痒、抠脚等不良习惯动作。

2. 注意女儿与他人的言谈措辞

父母要让女儿养成使用文明礼貌用语的好习惯，如经常说"您好、谢谢、请、对不起、没关系"等。父母还应告诉女儿，沉默寡言、啰唆重复，都是不正确的语言表达方式。

3. 在教育女儿时要注意自己的口气

需要注意的是，父母在向孩子讲解优雅举止的标准时，不要用教训、命令的口吻，而是要循循善诱、谆谆教导。当优雅举止成为女儿一种不自觉的习惯，女儿卓尔不凡的淑女气质也就形成了。

引导换位思考，成就懂道理的女孩儿

女儿进入校园，人际交往越来越广泛，身边围绕着不少好朋友，他们一起玩耍，一起成长。可是有时候，孩子们会因某些问题出现小摩擦，结果两个人都闷闷不乐，甚至导致友谊的破裂。看着一脸怒气的女儿，爸爸一定要告诉她换位思考的道理，这样，她才能重新收获友谊，收获快乐。

刘玫和月月小学就是同学，到了中学，她们更成了上下铺的室友。所以，她们的交流也越来越多，成了一对好朋友，一起上课，一起吃饭，就像一对影子一样。

这天晚上，孩子们给家人打电话。因为宿舍只有一部电话，所以当有人用电话时，剩下的几个同学只能耐心等待。通常，大家都会在几分钟内通话完毕，以方便后面的同学，不过这一次，刘玫打电话的时间比较长，过了半个小时还在和家人谈天说地。

看到刘玫这个样子，室友们有些不高兴了。这时，月月走过去说："刘玫，你快点，大家都等着呢！"刘玫不耐烦地说："知道了，催什么催！"

刘玫的这个电话，直接打到了宿舍熄灯。月月对她提出了批评，说她有点自私，结果刘玫大怒了起来，两个人因此吵了一架，谁也不理谁。

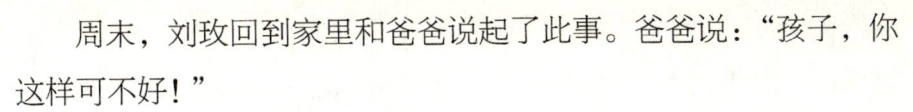

5 植根礼仪，教出一个知书达理的小淑女

周末，刘玫回到家里和爸爸说起了此事。爸爸说："孩子，你这样可不好！"

谁知，刘玫不仅没有虚心接受，反而大吵起来："我有什么不好！我打电话有错吗？"

在这个故事中，刘玫显得很自私，根本没有考虑月月和其他室友的想法。现实中，这样的孩子不在少数，他们心里只考虑到自己的需要，而没有为别人考虑，结果和别人起了冲突，甚至导致友谊破裂。很显然，刘玫就是这类孩子的代表。

为什么孩子会表现出这样一种行为？这是因为，对于十几岁的孩子来说，他们对人际交往的理解还不是很成熟，总会表现出这样一种心理特征：一方面渴望得到别人的理解，但同时又很少主动地去理解别人，总是立足于自我的立场，考虑更多的是自己的利益和需要，很少关心他人的需要，更别说从别人的立场来看问题了。这样一来，自然就造成人际沟通中发生障碍和阻塞。

不仅是对于朋友，对于老师，这些孩子也有如此心态。当听到老师对自己提出意见时，他们会咬牙切齿地想："你凭什么说我？你为什么不看到我的优秀？"却忘了老师这么做正是督促自己变得更优秀。

这样的孩子，一定让父母挠破了头皮。和他讲道理吧，他不愿意听；批评他吧，他会认为父母很坏，胳膊肘朝外拐，反而和父母起了矛盾。到底该怎么办，才能让孩子理解别人？

其实，教育专家介绍，想要让孩子摆脱这个毛病方法很简单，那就是让他换位思考。

因而，爸爸要让女儿明白，在人际交往中必须学会换位思考，不只是站在自己的角度去看待或衡量别人，还要积极地换位思考，这样就会减少矛盾和摩擦，从而形成良好的人际关系。如果常常表现出"以小人之心度君子之腹"，用怀疑的眼光看对方，那她就永远与其他人处不好关系。

所以说，面对女儿和好朋友的"绝交"之举，爸爸就要让她学会"换位思考"。当女儿假想自己成为对方，再看看自己刚才的行为，才知道朋友的行为没有错，和朋友发火，这是自己不成熟的表现。如此一来，她就会自然而然地学会宽容，学会体谅朋友的处境，从而主动向朋友道歉，让这份友谊更加稳定。

换位思考的实质就是设身处地为他人着想，即想人所想，理解至上。

换位思考是人与人之间的心理体验过程。将心比心，设身处地地为他人着想，是达成理解不可缺少的心理机制。从客观条件上来说，它要求我们将自己的内心世界，如情感体验、思维方式等与对方的思想联系起来，就是站在对方的立场上体验和思考问题，因此，与对方在情感上得到沟通，为彼此间的友谊奠定基础。

在对待老师时，这一心理特征表现得尤为突出。在人际交往中要学会换位思考，不只是站在自己的角度去看待或衡量别人，还要积极地换位思考，这样就会减少矛盾和摩擦，从而形成良好的人际关系。

孩子在成长的过程中要养成多为他人着想的好习惯，凡事多问自己一个："如果我是他，我会怎样？"人与人之间需要互相理解和信任，为此，我们要学会换位思考，这是人与人之间交往的基础——互相宽容、理解，多去站在别人的角度上思考。若常常表现出"以小人之心度君子之腹"，爱用怀疑的眼光看对方，这样往往会误解别人。

5 植根礼仪，教出一个知书达理的小淑女

一位智者说过："把自己当作别人，把别人当作自己；把别人当作别人，把自己当作自己。"当你跟别人有摩擦的时候，用这位智者的话去考虑事情，我想结果肯定是美好的。

让女儿学会换位思考，用包容的心站在他人的立场考虑问题，那么她就会活得越来越快乐。

1. 让孩子学会在理解中学会换位思考：换位思考是要从对方的立场来看事情。但是不幸的是，许多人的换位思考却缺少了这一要素。他们或是站在自己的位置上去"猜想"别人的想法及感受，或是站在"一般人"的立场上去想别人"应该"有什么想法和感受。这种换位思考并不是真的换位思考，而是以本位主义来理解别人的想法及感受，并非真正地为别人着想，因为它忽略了"对方"真正的想法及感受。另外，这种做法缺少的是对别人的尊重，在社会交往中，尊重别人的责任，尊重别人的能力，尊重别人的自主权是最起码的事情。事实上，互相理解是一件非常快乐的事情。

2. 在交往中换位思考：女儿之所以有些自私，总是从自己的角度考虑问题，关键就在于朋友圈太小，总是和一两个朋友在一起。时间长了，他们不免有些过于熟络，彼此就会产生自我情绪。所以，想要让孩子学会换位思考，爸爸就应当让她拥有更广阔的交际圈，例如鼓励她参加集体活动、去青年宫感受集体的氛围，当孩子的朋友越来越多，经历的事情越多，就得到的人生经验越多，自然就会站在别人的角度上考虑问题。

培养女孩基本的艺术修养

拥有一双善于发现美的眼睛和一颗善于体验美的心灵，是女孩子一生莫大的能力和财富。

那种不顾家庭的条件和孩子的兴趣，而一窝蜂地让孩子学钢琴、学英语、学绘画的教育方式，在上世纪末已经被证明是错误的。真正学有所成，成大名、拿大奖的人属于凤毛麟角，而孩子的厌倦、反抗行为却经常发生。家长们费时费力，下了大本钱，结果却往往不尽如人意。那么，除了学习之外，孩子是否还应该接触其他的艺术门类呢？

答案是肯定的，如果家长们矫正一下自己的心态，将对儿女成名成家、晋级后考试加分的期待，转到培养气质、增添生活情趣上来，则可以还原艺术对于生活的本来面目，获得美的享受。

能从生活中发现美，才会体验到人生的美好。审美绝不仅仅在于它能使人领略到愉悦感与和谐感，更重要的是它能提升人生的思想境界，使人能够领略到具有一定哲学意味的生命乐趣和意义。美感，这种神秘的力量既能支配人的情感，也能支配人的思想，有时甚至能左右人们对重大问题和重要事物的判断和选择——当然，由于美的本质具有善的成分，所以，它会自然而然地将事物导向有益的一面。拥有一双善于发现美的眼睛和一颗善于体验美的心灵，是女孩子一生莫大的能力和财富。

5 植根礼仪，教出一个知书达理的小淑女

在许多伟大人物对少年时代生活的回忆中，常常忘不了那些被艺术之美所启迪的时刻，法国著名的哲学家和文学家卢梭说："我对于音乐的爱好，确信是受了姑姑的影响。她会唱无数美妙的小调和歌曲，以她那清细的嗓音，唱起来十分动听。这位出色的姑娘的爽朗心情，可以驱散她本人和她周围一切人的怅惘和悲愁。她的歌声对我的魅力是那样大，不仅她所唱的一些歌曲还一直留在我的记忆里，甚至在我的记忆力已经衰退的今天，有些在我儿童时代就已经完全忘却了的歌曲，随着年龄的增长，又浮现在我的脑海中，给了我一种难以表达的乐趣。"卢梭在童年时期领受过的音乐的美，对他一生的生活都产生着潜移默化的影响。美的熏陶有如此神奇的力量，有时简直使人难以相信。

从情趣和性格的培养上来讲，引导女孩子爱上音乐，掌握一些乐器的弹奏方法，这无论对孩子的身心发育、智力发育，都是有好处的。很多女孩子，也正是因为从小就接受到了良好的音乐教育，才拥有了一种与众不同的优美气质。

事实上，随着时代的变迁、观念的变化，很多女孩子的父母也都树立了一种正确的音乐教育观念：

"我给女儿报了钢琴班，有空还会带她去听听音乐会，倒不是希望她将来成名成家，就是觉得一定的艺术修养对于女孩子的成长很有好处。"

女孩子的父母们能有这样的教育意识，无疑是科学的、合理的。

对于女孩子的心灵和气质培养，与音乐并重的，还有舞蹈。

女孩子学舞蹈，就像男孩子学武术一样，我们不一定要期望她们练成什么样的水平，只要达到了强身健体、改变精神风貌的作用，就是一种成功。看看我们身边那些能歌善舞的女孩吧！舞

蹈不仅塑造了她们的美丽，更在增添魅力、锻炼体力、磨炼毅力、丰富想象力等诸多方面，发挥出了举足轻重的作用。

处于快速生长发育时期的女孩，经过舞蹈训练，能使她们站得直，形体优美，且能纠正驼背、端肩等形体问题。舞蹈需要全身各部位的配合，可以锻炼孩子的动作协调性，使孩子更有节奏感。舞蹈通过音乐、动作、表情、姿态表现内心世界，可以使孩子潜移默化地接受到艺术表演的熏陶，使孩子们热爱生活，并能欣赏美、体验美。

要想让女孩子成长为一个更为多才多艺、更具有个人魅力的女性，父母应从小就注重培养女孩的舞蹈气质。即使不送女儿进入专业的舞蹈学校进行学习，也要让女儿积极地加入班级或集体组织的舞蹈学习中。舞蹈带给女孩的好处，将令她一生受益不尽！

我们说哪个女孩具有艺术气质，这不仅代表着她形体优美、气质高雅，更表示了她内心的丰富与敏感。有艺术气质的女孩，是有生活情趣的女孩，她们成年以后，对于常常干扰女性的孤僻、冷淡等心理疾患和一些亚健康问题，具备一定的免疫能力。

手把手，教会女孩通用中西餐具

现在的社会要求越来越多，既要求这样又要求那样，譬如饮食方面，很多时候，中西餐混搭成为了普遍现象。面对这样的社会趋势，爸爸妈妈要教会孩子正确有礼仪地使用中西餐具，让女孩子在人际交往中不受障碍。

上海一些针对 10～15 岁少女推出的"淑女培训班"颇为引人关注。培训班称将通过各类培训，将女孩打造成优雅有余又不失阳刚、言谈得体且兼有艺术素养的淑女。

对于培训班的开设，不少家长表示赞成。有的家长表示，给孩子报名参加淑女培训，只是想为她"立些规矩"，还有的家长则认为，10～15 岁的孩子开始进入青春期，这时候加以适当的性别教育很有好处。

该学堂主要教授中国古代典籍、弹琴、下围棋、吟诗、作画、刺绣、茶道等，旨在弘扬国学，培养具有独特文化气质和典雅行为风范的现代"小淑女"。例如像吃西餐时的刀叉怎样摆放？赴宴会如何穿着才得体？汤过烫时该如何入口？碗中的汤无法用勺舀盛时该怎么办？坐姿、走姿、如何表达笑意？这些似乎离中学生活很远的礼仪规范，作为一门选修课也走进了学堂中，而且还挺受女孩的欢迎。

其实对于礼仪培训，更多的家长并不是期望孩子在性格上有所改变，而是更注重礼仪举止的培养。事实上，许多家长都认为，不管活泼外向或是文静，孩子的性格是天生的，不能强加改变，也很难短期塑造。但作为一个女孩，从外表、内心到社交礼仪，仍应该具备淑女的风范，懂得在什么样的场合该有怎样的表现。

那么，在教孩子用餐具方面，爸爸妈妈应该注意哪些问题呢？

宝宝从 6～7 个月开始，就对手抓食物很感兴趣了，爸爸妈妈可以训练宝宝自己抓东西吃。10 个月时，宝宝的手指比以前更加灵活，大拇指和其他四指能对上指了。因此，宝宝基本可以自己抓握餐具，取食，已经具备了自己吃饭的能力。

10～12个月是宝宝开始学习自己进食的最佳时机，此时让宝宝自己动手吃饭，可以增加宝宝对吃饭的兴趣，有利于培养宝宝良好的饮食习惯。

要培养宝宝使用餐具的能力，首先就要为宝宝准备一套小餐具和餐桌椅。宝宝的餐具应当不怕碰撞，不易破碎，并且无毒、无害。餐具和餐桌椅的边缘最好要钝一些，以免宝宝在吃饭的时候磕碰到。

餐桌椅位置应该相对固定。刚开始时，宝宝可能会搞得桌子上、地上都是饭菜，父母不能因此而剥夺了宝宝自己学习吃饭的机会。

要有意识地培养宝宝自己吃饭的能力。得手把手地训练孩子自己吃饭。即使吃得不顺利也不要紧，铺上一张塑料布，多让孩子练习练习就好了。

饭前一定提醒宝宝先将手洗干净，如果孩子想在餐桌上拿食品，就让她自己拿着吃。喝水、牛奶、果汁时尽量用杯子，可少放些，开始时肯定会呛着或洒得到处都是，但要是总认为太脏而不让孩子自己动手的话，孩子将来也不会自己动手，而且极有可能影响到孩子独立、自理性格的形成。

在培养宝宝自己使用餐具时，爸爸妈妈也要注意，不要让女儿吃得太多，因为多吃极有可能造成宝宝肥胖，并且加重胃肠道的负担，使宝宝出现消化不良、吸收障碍，甚至是腹泻等。

那么，想要女儿真正成为小淑女，光学会用餐具还不行，还要把中西餐具都通用才行。自己吃饭是宝宝自理的一个标志，用筷子进餐，不仅会使宝宝"心灵手巧"，还可以起到"健脑益智"

的作用，这样学用筷子就成了宝宝的必修课程。训练宝宝自己吃饭，并不如想象中困难，只要爸爸妈妈多点耐心，多点包容心，还是很容易办到的。

使用宝宝专用的餐具，因为它可以增强宝宝进食的兴趣。鲜艳明快的色彩会直接刺激宝宝的视觉器官，加上儿童餐具大都设计成精致的卡通造型，宝宝的注意力很容易被吸引住，并能从中产生愉快的心情。在宝宝天生的好奇心和强烈的驾驭欲望下，他可能会很主动地要求自己动手喂食，这样就大大增强了宝宝进食的兴趣。宝宝在一种新鲜明快的环境中进食，对他的身心健康都是十分有利的。

另外初学用筷时，先让宝宝夹一些较大的、容易夹起的食物，即使半途掉下来，家长也不要责怪，应给予必要的鼓励。此外，由于宝宝的胃肠道仍很脆弱，所以，爸爸妈妈也别忘了在餐后要做好餐具的消毒工作！安全健康的餐具是最重要的哦。有条件最好使用全套纳米银材质的餐具，在杀菌消毒方便能省不少心呢，如果新手爸妈对温度没有把握，宝宝专用的感温碗、感温勺等小道具也是不错的选择。

西餐的餐具主要有刀叉、餐巾、餐匙、盘、碟、杯、牙签等。妈妈也要对这些餐具的用法烂熟于心，这样在手把手教女儿时才不至于太慌忙。

下面就介绍几种比较常用的中西餐具的用法，供妈妈手把手教女儿时学习。

1. 先教宝宝学会用汤匙，这应该是中西餐具都要学的：一般在女儿9个月时，就会开始对汤匙产生兴趣，甚至会伸手想要抢妈妈手中的汤匙。此时爸爸妈妈就应该让宝宝自己试着使用，以免错过最佳培训期。一开始妈妈可以从旁协助,如果女儿不小心将汤匙摔在地上,妈妈也要有耐心地引导,千万不可以严厉地指责她,以免女儿排斥学习。

2. 教育女儿用传统中餐中的碗:女儿10个月以后,爸爸妈妈就可以准备底部宽广的轻质碗让女儿试着使用。因为女儿的力气较小,所以装在碗里的东西不要超过三分之一;女儿可能不懂一口一口地喝,爸爸妈妈也可以从旁协助,调整每次的进食量。2岁以后,爸爸妈妈就可以让女儿学习一手托住碗,一手拿汤匙吃饭了。这时,爸爸妈妈可以给女儿一个轻而坚固、不易滑动且适合手形的碗,并先示范一次拿碗的姿势给女儿看,再让女儿模仿,比如将拇指腹压在碗的表缘,小指以外的三根手指放在碗底边缘等简单动作。

3. 最关键的筷子,中餐的标志:筷子的使用较为困难,属于精细动作,建议爸爸妈妈等女儿2岁以后再尝试练习。女儿要用专门小儿用的筷子,比较短而轻,女儿容易掌握。爸爸妈妈可以手把手地告诉女儿拿筷子的姿势,都要用拇指、食指和无名指夹住筷子,并以虎口开合练习夹的动作。女儿学习使用筷子的过程一直会持续到6岁,所以爸爸妈妈完全没必要太过苛责。

4. 西餐中,最典型的代表餐具刀叉:吃西餐时,爸爸妈妈要教女儿右手拿刀,左手拿叉。使用刀叉时,左手持叉用力固定食物,同时移动右手的刀切割食物。用餐中暂时离开,要把刀叉呈八字形摆放,尽量将柄放入餐盘内,刀口向内;用餐结束或不想吃了,刀口向内、叉齿向上,刀右叉左地并排纵放,或者刀上叉下地并排横放在餐盘里。

帮助女儿塑造高雅的说话方式

现在社会总是喜欢那些能说会道的人。一个女孩子，如果能说得更加地优雅，让人听起来舒服、易于接受，那么她也就更受欢迎了。爸爸妈妈要从小培养孩子的讲话方式，让孩子在语言上得胜一筹。

爸爸妈妈要想女儿说话高雅，最有效的方法就是提炼孩子说话的语速。语速快，并不仅仅是说话快这一个优点，它还包括头脑灵活、吐字清晰、反应敏捷等，所以对塑造女儿高雅的说话方式才会有帮助。

女儿的口才是否良好，关键一点就在于是否能想到说到，即第一时间就能将心中的词汇、语言表达出来。

看到"速读"两个字，爸爸妈妈们也许会想到"朗读"。诚然，速读与朗读有相似之处，它们都需要孩子出声阅读，但是，它们所训练的目的，却还是有一定区别的。

还有的爸爸妈妈对"速读"的定义理解有所偏差。这里所说的"速读"，是快速朗读的意思，而不是一目十行，只用眼睛看。训练孩子速读的能力，可以让孩子在快乐朗读文章的过程中提高口才。进行这种训练的目的，在于让孩子变得口齿伶俐、发音准确、吐字清晰。如果说朗读主要是提高孩子的感情，那么速读就是针对孩子吐字的专项训练。

那么，如何才能训练孩子这种伶俐口齿？不少教育专家都认为，有一项训练最具效果：绕口令。绕口令作为一门特殊的语言艺术，对孩子的语言及思维发展具有极大的促进作用。它不仅能有效地锻炼孩子的口才，增强孩子的记忆力，还能培养孩子的反应能力。

许智浩今年已经高三了，顺利考上了梦想中的广播学院。当学校让他分享如何训练出这份过人的口才时，许智浩说："我家祖上是说相声的，各个口才都特别棒。小时候，家人带着我玩过很多餐桌游戏，其中就有绕口令。那时生活在大家庭中，兄弟姐妹多。每次春节的时候，我们一家二十几口人，像我们这帮晚辈按照惯例是不能'上席'的，但长辈们会让我们来表演绕口令，谁说得最好，谁就能坐上餐桌的'席位'，谁要是说不好，只能端着小碗去一边吃。"

为了能上桌，一到过年前几天，许智浩和兄弟姐妹就偷偷地练绕口令。比如："牛郎恋刘娘，刘娘念牛郎，牛郎牛年恋刘娘，刘娘年年念牛郎，郎恋娘来娘恋郎，念娘恋娘念郎恋郎，念恋娘郎。"

一到饭桌上，许智浩这群小家伙就开始七嘴八舌地说起来了。那些年小孩子们里就属许智浩下的功夫最多，所以他的绕口令说得也最快、最好，甚至有些叔辈的人还比不过他。这样，许智浩就有了吃饭的机会。不仅如此，许智浩还会私下创造许多新鲜的绕口令，一下子，他把兄弟姐妹们甩到了身后。

如今考上了广播学院，许智浩很感激父母长辈们当年的这种训练与比赛，让他练就了一张能说会道的嘴巴和机智过人的反应。

5 植根礼仪，教出一个知书达理的小淑女

所以说，让孩子练习绕口令，这对他的口才锻炼非常有好处。不仅如此，绕口令一般字音相近，极易混淆，要想念得既快又好，没有快速的思维、良好的记忆、伶俐的口齿，是很难做到的。经常教孩子说绕口令，能够提高孩子的语言表达能力，并使他们的思维更具敏捷性、灵活性和准确性。

也许有的父母还会对语速训练抱有怀疑态度，但是爸爸妈妈要看到，有的节目主持人，说话的速度很快，但是快而不乱，每个字、每个音都发得十分清楚、准确，没有含混不清的地方。这些，就是"速读"的功劳。

作为父母，当然也希望孩子能够做到主持人那种程度——吐字清晰、发音准确。有了这样的认识，在指导孩子"速读"训练时，你也就会做到有的放矢。

与其他训练相比，速读训练有不可比拟的优点：不受时间、地点的约束，无论在何时、何地，只要你的孩子手里有一篇文章就可以练习；而且还不受人员的限制，不需要别人的配合，一个人就可以独立完成。

当然，为了让这个训练达到最佳效果，爸爸妈妈还可以让孩子找一位同学听听她的速读练习，让对方帮忙挑出速读中出现的毛病。比如哪个字发音不够准确，哪个地方吐字还不清晰，等等。这样就更有利于你的孩子有目的地进行纠正、学习。

如果是在家里训练，那么爸爸妈妈还可以利用录音机、电脑等进行记录，然后让她听一听，从中找出不足，进行改进。

这么做的意义，就是为了让孩子可以读清每个字。如果孩子不把每个字音都完整地发出来，那么当他速度加快以后，读出来的内容就没法让人听清楚，也就失去了"快"的意义。这种训练，对于孩子的吐字有很好的效果。可以说，速读的快是建立在吐字清楚、发音干净利落的基础上的。

提炼女儿的说话语速，急不得，要慢慢训练。这样，女儿才能形成高雅的说话方式。

1. 爸爸妈妈要懂得循序渐进的道理：很多父母看到专业人士说起顺口溜非常麻利，就要求孩子在一开始便达到这个程度，其实，这样的想法是错误的。如果父母一味求快，就会使孩子只求速度，不求质量，说出口的全是咿咿呀呀的模糊音，而且会增加孩子的心理压力，使得她们从心底畏惧绕口令，学得不开心，那样就背离练习的初衷了。刚开始练习绕口令时，首先一个关键点就是"慢"。所谓慢，就是要循序渐进，即节奏要适度，学的时候要一步步来，不能急于求成。对孩子来说学说绕口令就是练唇舌、练语言、练记忆、练思维，只要孩子说得流利、清晰，能够让人听懂且语速渐快即可。

2. 调动记忆，激发兴趣，让孩子带着积极的心态练习语速：孩子在幼儿园里也接触过说话，但是她们可能对语速并不了解。爸爸妈妈可以告诉女儿："语速不光吐字要清晰，还要有一定的感情。"

3. 爸爸妈妈要帮女儿养成良好的精读习惯：在阅读时，教孩子把那些无关紧要的，或早已熟知的内容，如过渡性的话语、引证的材料、推论的过程等，整行、整段、整页地跳过去，针对一些富有哲理、字词优美的段落精细地朗读。在反复朗读的过程中，逐渐加快速度，直到达到孩子的速度极限。

6

习惯，决定女孩的美丽

如果说女孩如花，而那好习惯就是花香，只有将这股香渗透到骨子里去的女孩，才是真正具有优雅气质的孩子，才会在举手投足、一颦一笑间透出一份雅致、一份飘逸、一份温柔细腻的精致。习惯是人生之基，习惯如何常常可以决定一个人的成败。毫无疑问，培养女儿的良好习惯，是父母不可推卸的神圣职责。

洗掉女儿身上的"骄气"

为了增强孩子的信心，激发他们的潜力，"赏识教育"开始被越来越多的家长所接受。但是在生活中，有些父母把握不好"赏识"的度，过于强调自信，结果孩子骄气日盛，总是看不起别人。

当孩子骄气的苗头刚一冒出来时，家长应当从以下几个方面教他们正确认识自己。

1. 全面评价孩子，要让孩子看到自己的缺点

孩子的自我认识受到父母评价的影响极大，这就要求父母在评价时要客观、全面，不能只表扬其优点，更要指出其缺点，不要因为爱孩子就忽视、缩小甚至帮助其掩盖缺点。对优点要表扬，但要适度。要常提醒自负的孩子在归纳成功原因时注意实事求是，要认识到老师、家长、同学的帮助以及一些客观条件的促进作用，切不可把成功完全归功于自己而沾沾自喜。

2. 让孩子学会欣赏他人的优秀之处

家长应指导孩子学会欣赏他人，让孩子知道"山外有山"。

告诉孩子每个人都有自己的优点，你可以拿他（她）熟悉的同学或小伙伴举例子，比如说××球打得好；××头脑灵活，点子多；××性格坚强，有主见。当孩子注意到别人的闪光点时，就会跳出狭隘的自我圈子，自负心理也就会悄然隐遁。

3. 让自负的孩子尝尝失败的滋味

家长不妨对自负的孩子提出更高的要求，安排难度更大的任务，让其遭受挫折，品味失败，清楚地看到自己能力的不足，体验需要别人指导和帮助的感觉。

我们可以这样说，孩子本身都是很优秀的，只要家长教养有方，他们都可以由一棵小苗长成参天大树。

正确引导女儿的爱美之心

女孩子的爱美之心，如果引导得当，可以成为使她们走向一条美好的道路的最佳动力。

身为女孩的父母，你是如何对待孩子的特有的"爱美之心"？有人欣喜地赞美它，因为身为女性，面对生活，最重要的不是要做到多强，而是要懂得生活的情趣；有人漠视它，认为在现代社会，人人都要通过自身实力，才能争得一席之地；有人视其为洪水猛兽，刻意打击，认为只有这样，才能避免女孩因爱美而贪慕虚荣。

以上的观点，都有道理，也都有些偏颇。

首先我们要明白，女孩子的爱美之心，那是她们的天性，本身并没有什么不妥，如果引导得当，甚至可以成为使她们走向一条美好的道路的最佳动力。

有一对夫妇，由于忙于打工挣钱，很长一段时间里，这对夫妇忽视了对自己七八岁小女儿的照顾和教育，使得其性格无规则发展，粗野、刁蛮、脏话连篇、不讲究卫生……有时候，甚至还会张嘴骂人、动手打人；撒泼时，在地上打滚。夫妇两个人的心里真是非常着急，他们苦恼万分又束手无策。

这一切，让一位退休女教师看在了眼里。

一天，退休女教师出人意料地送给小女孩一条洁白的连衣裙——那是一条很美丽的裙子，小女孩十分喜欢。但是退休女教师没有很"爽快"地把裙子送给小女孩，而是谈了给裙子的条件。

退休女教师问小女孩："你喜欢这条裙子吗？"小女孩点点头。女教师又说："把它送给你，要吗？"小女孩又点点头。退休女教师说："送给你可以，但你必须答应我不能把它弄脏、弄破。我相信你一定会好好爱惜它的，是吗？"

就这样，退休女教师用一条美丽的裙子，彻底改变了一个性格粗野、行为刁蛮、不讲究卫生、动不动就在地上打滚撒泼的小女孩。对于美的向往，可以点亮孩子内心深处的那盏灯，使一个小女孩变得更加美丽也更加可爱。做父母的责任，是引导她们认识什么是美，我们应该怎么看待美。一个刚满8岁的小女孩看到妈妈正在镜子前化妆，她也跑到妈妈面前说："妈妈，你也给我化化妆吧！"看着女儿期待的眼神，妈妈知道，自己的回答将对女儿产生很大的影响，她想了想这样回答女儿道："宝贝，你是最美的，你不需要化妆了。妈妈每天都要见很多客户，化点淡妆是对客户的尊重。"这位妈妈是聪明的，她用"化点淡妆是对客户的尊重"来回答女孩，向女儿传达了一种这样的思想：化妆是美的，但化妆也是要分场合的，要分年龄、分环境的。这样，既否定了小女孩也要化妆的要求，又不会粗暴地破坏了她对于美的感受。

我们要培养阳光的、大气的女孩子，也可以从她们的"爱美之心"开始。我们可以把女孩子从最容易感受的衣裳之美、容貌之美的小视角里召唤出来，指引她们领略更大、更多、更广阔的自然之美、社会之美和艺术之美。

自然美，广泛地呈现于大自然之中。让孩子领略到黄河之水天上来的汹涌澎湃的壮美，观赏到拥有奇松、怪石、温泉、云海的黄山的奇美，徜徉于秀美的西子湖畔，漫步于柔美的桂林山水，能不升腾起崇拜自然、热爱祖国的情感吗？让孩子来到春风吹绿的江南农村，清澈的河水，美丽的田野，能不感到赏心悦目、情意绵绵吗？让孩子面对着千里冰封万里雪飘的北国风光，银蛇逶迤，蜡象奔驰，红装素裹之日，能不心旷神怡，豪情满怀吗？

社会美，含蓄地蕴藏于人们的言行之中。奥运会上，中华健儿奋力拼搏，不管是登上领奖台的还是空手而归，如流的汗水难道不显露出殷殷的赤子之心吗？一位孩子身患绝症，数以百千计的孩子们纷纷捐款，能不让局外人也真心感动吗？

艺术美，生动地洋溢于千姿百态的作品之中。从传统国画到人体艺术，从唐诗宋词到乡村音乐，门类各异，美的本质相同，都可以使我们思想和精神升华到一个新的境界。

爱因斯坦曾经说过："照亮我的道路，并且不断地给我新的勇气去愉快地正视生活的理想，是善、美和真。"接受过各种美的洗礼的孩子，心灵将更加丰富、更加纯净，也将会向外界传递出更加多的美的信息。

"美"所涵盖的范围并不只限于视觉，透过听、嗅、味、触等其他感官，所得到的协调体验，都可以感受到"美"。色彩、造型所呈现的是视觉之美；音韵、曲调所表现的是听觉之美；酸甜苦辣所传达的是味觉之美；气味、芬芳所传达的是嗅觉之美；冷热、软硬所传递的是触觉之美，这些经验会促使我们在生活及各个领域追求极致，而美感教育就是培养个人欣赏外在世界的种种，让自己与外界间达到调和，它是一种直接而立即的经验，注重的是直觉和灵感，而非推理和逻辑，有时候教育上的一些经验，很难用语言、逻辑、推理解释清楚，必须借助美感教育，让孩子亲自去欣赏、揣摩，才能领会。

读书的女孩不会变坏

给孩子读书是一种最好的教育方式，它是家长送给孩子的一件终生享用的最佳礼物。

"读书的孩子不会变坏"，这是一条已经经过了数代人验证的说法。对于女孩子的素质培养，最简便也最有效的方式，莫过于培养她的阅读习惯。著名女作家毕淑敏如是说：

读书的女人，较少持续地沉沦悲苦，因为晓得天外有天乾坤很大。读书的女人，较少无望地孤独惆怅，因为书是她们招之即来永远不倦的朋友。读书的女人，较少怨天尤人孤芳自赏，因为书让你牢记个体只是恒河沙粒、沧海一粟。读书的女人，较少刻毒与卑劣，因为书的光明，日积月累浸染着节操，鞭挞着皮袍下的"小"……

给孩子读书既能养成孩子爱学习的习性，培养他（她）的健康人格，又能为孩子提供一种快乐的生活方式。有专家讲过：明智的家长应该在孩子10岁左右帮助他（她）养成"看"书的习惯。

在社会和经济发展迅速的今天，人的阅读能力被视为具有很高价值的能力。因为阅读是学习的基础，良好的阅读习惯与能力的拥有，能让阅读者"厚积而薄发"。阅读是长期的、日积月累的、潜移默化的，是伴随人一生的。更重要的是，阅读影响的是一个人素质中最基本、最核心的东西——审美观、道德观和人生观。每个父母都应该重视孩子阅读潜能的开发，用正确科学的方式来引导孩子阅读，让孩子善于阅读、乐于阅读、勤于阅读。

有些家长会有这样的疑惑：读书是一种好习惯，可是我们的女儿对书本没有兴趣，这该怎么办呢？

这首先在于父母的正确引导。我们不必硬性规定，告诉孩子你的读书时间到了，必须坐下来给我好好地读。这样反而会激起孩子的逆反心理，影响她们心底里对书籍的热情。我们可以在轻松的气氛下，安排一小段时间，与孩子一起读书。比如每天挑选出一段固定的时间如晚上7：30—8：30，作为家庭成员共同的阅读时间，大家选择自己喜欢的书籍，各自安静地阅读，读完后轮流说说自己的读书心得。设定家庭阅读时间，可以慢慢养成孩子固定的阅读习惯。当然，还可以在外出时带上一两本书，在公园里、在郊外、在河边、在清新的空气中、在鸟语花香的环境里，与孩子一起读上几段书。这样，自然而然地把孩子引入图书世界，使读书成为孩子的消遣活动。

在孩子的阅读过程中，父母应先抽出时间，看看孩子要看的书，提一些问题写在纸上，让孩子仔细阅读，然后回答问题，这样可以避免囫囵吞枣。使孩子可以真正地读进去，消化吸收书里的内容。

在家中，为孩子选一个光线充足的房间或角落，放置一张书桌，准备一个小书架。让孩子可以随意选取自己喜爱的书籍，坐在书桌前放松自在地去阅读。相信您的家中如果有这样一个空间，孩子一定会有阅读的欲望。

在对图书的选择上，专家推荐小学高年级至初中低年级的学生阅读以下种类的图书：首先，应是一些童话故事书；其次，是科学幻想故事书；再次，是传奇故事和英雄人物故事书；最后，是数学游戏、发明创造、科学知识、动物世界、海洋、旅行、战争、历史、笑话、娱乐、诗歌、传记和天文、地理等方面的书籍。阅读这类书籍可以从中找到乐趣、增长知识。要注意不要把经济和社会因素同孩子的阅读联系起来，也不要让这些因素影响孩子对图书的选择。

良好的阅读习惯可以拓宽孩子的知识视野，丰富孩子的语言积累，陶冶孩子的思想品性，提高孩子的表达、写作能力，增强孩子的求知欲望。

通过阅读，可以把孩子引入一个神奇、美妙的图书世界，使她们的生活更加丰富多彩、更加乐趣无穷。同时，还可以使孩子从书籍中获得人生的经验。因为人生短暂，不可能事事都去亲身体验，书中的间接经验，将有效地补充个人经历的不足，增添生活的感受。

女孩子对叙事性的文字敏感，可以帮助她们选择一些名著欣赏作品,像《汤姆大叔的小屋》、《飘》、《格列佛游记》、《简·爱》、《呼啸山庄》、《月亮和六便士》等。让孩子自幼就开始接受中外名著的熏陶,不仅可以奠定孩子一生优雅人格的基础。同时,还可以提高孩子的语言能力。

培养孩子时间观念,做严谨的女孩

祁立静是个人见人爱的小女孩,她聪明漂亮,学习成绩好,歌唱得也不错,只是有一个做事拖拖拉拉的毛病。星期天,妈妈要带她去公园玩,她一边梳小辫子一边看动画片,一个小时了,还没有做好准备。妈妈暗自摇头,但又无可奈何,她心想:"也许小孩子都是这样,长大了就好了。"祁立静妈妈的这种想法是不对的,孩子小时候时间观念差,做事紧张不起来,越长大这种毛病越会根深蒂固,克服起来更为困难。而及早地培养良好的时间观念,将对她的一生产生积极的影响。

30岁的林霞掌控着一家有着相当规模的资讯公司。公司的业绩很好,每年她都有几百万元的收入进账。在事业女人中,她可以说是非常成功的一个。

当有人问起她成功的秘诀是什么时,她总会十分自豪地说:"准时。"据她自己讲,打她开始记事时起,她的父母就开始刻意地培养她守时、准时的习惯。每天起床要准时,吃饭要准时,上学要准时，洗澡要准时，睡觉要准时，完成作业要准时，向父亲报告学习成绩也要准时，有时甚至去卫生间的时间也要准时。由于小时候养成的习惯，大学毕业参加工作后，她也总是事事准时，这一点使她服务过的每一个老板都对她非常满意，所以她总是能先于别人得到提升的机会。

后来，林霞自己出来开了这家公司，她准时的习惯再次发挥了连自己都意想不到的作用。也许是工作领域的特殊性吧，她总是能先于别人一步得到顾客急需的咨询信息，而且简直是顺理成章，这为她赢得了很多忠实的和长期的客户。在我们的生活中，做事自由散漫的女性实在不少，而严谨守时的女人，一开始就会让他人刮目相看，为自己的事业打下良好的基础。如果我们想让自己的孩子也拥有守时的美德，应该从现在就开始。

父母应根据孩子的年龄特点和家庭条件，把每天起床、睡觉、做游戏、看动画片、学习及家务劳动的时间都做好具体安排。教小孩子做事时，一定要交代清楚什么时间去做什么事情，做到要求明确，检查及时。

所以帮助孩子制订计划的时候，不能太心急，一定要根据孩子的实际情况确立节奏，如果在实施的过程中觉得不是很妥当，还可以根据实际进程进行调整。务必保证孩子当天的事情要当天做完。如果难以完成的事情不断累积，最后越积越多，所有的计划就会被弄得乱七八糟，所做的事情就要花费数倍的时间，这样做事的结果很容易不了了之。

为了进一步培养女孩管理时间的自觉性，我们可以给她们一个属于自己的小闹钟，让她们知道凡事不能只依赖父母的督促。

女孩心理发展水平较低，情绪不稳定，意志力较弱，如果通过日常小事的考验使其意志坚强起来，那将有利于女孩的发展。让小闹钟叫醒女孩是培养她们自立意识的良好突破口，一般要做到以下几点。

1. 不能强迫，通过启发让女孩自己提出用小闹钟的要求，女孩需有一定的内驱力。

2. 对低年级女孩要教会她拨弄闹钟的具体方法，试用几次，以便让她完全独立使用。

3. 注意坚持，如果女孩出现松懈的苗头，要及时鼓励。

让女孩把守时当成自觉的习惯时，你会发现，无论她的生活或者学习，都会发生一种崭新的变化，而家长对她们的教养，也从此变得省心省力。

时间观念强不强，是衡量一个人是否拥有严谨敬业的态度和积极向上的精神的先决条件。做家长的，在教孩子的同时，也要注意自己对于时间的态度是否合格，这是为了给孩子作表率，同时也是一种自我改造。

让女儿学会自主解决问题

当今，许多孩子都不会主动地、独立地去解决一些问题的现象是很普遍的。有很多父母认为，自己的孩子年龄小，不具备解决问题的能力，他们往往误认为孩子遇到的问题越少，才越幸福、越成功。还有很多幼儿教师为了迎合家长的要求，往往简单、直接地为孩子解决问题。

独立的思想，来自于独立的思考。如果一个人不会独立思考，只会人云亦云，他是不可能有个人主见的。没有独立思考的步骤，任何想法都不会属于"主见"的范畴。

不要认为孩子小就没有独立思考的能力。其实从他们开始选择是否哭闹开始，他们就有了自己的主见。有的孩子之所以长大后没主见，是因为父母剥夺了他们独立思考的机会，久而久之，他们也就遗忘了独立思考的乐趣和权利。所以，训练孩子的独立思考能力，有助于提高孩子的主见性。

学会独立思考和独立判断比获得知识更重要。不下决心培养思考习惯的人，便失去了生活的最大乐趣。

伟大的物理学家爱因斯坦说："学会独立思考和独立判断比获得知识更重要。不下决心培养思考习惯的人，便失去了生活的最大乐趣。"有的父母把一切事都安排得十分周到，长此以往，会扼杀孩子的独立思考能力，更谈不上解决问题的能力了。

要知道，思考好比播种，行动好比果实，播种越勤，收获越丰。一个善于独立思考的孩子，才能品尝到金秋的琼浆玉液，享受丰收的喜悦。

世界首富比尔·盖茨从小显露的最大特点就是不停地思考。当母亲叫他出来吃饭时，盖茨置若罔闻，甚至整日躲在他的卧室里不出来。当母亲问他在干什么的时候，比尔·盖茨总是说："我正在思考！"有时他还责问家人："难道你们从不思考吗？"比尔·盖茨的头脑似乎时刻都在高速地运转。直到现在，微软公司还流传着这样一种说法："和大多数人谈话就像从喷泉中饮水，而和盖茨谈话却像从救火的水龙头中饮水，让人根本应付不过来，他会提出无穷无尽的问题。"

比尔·盖茨之所以有今天的巨大成就，与他从小养成的善于独立思考的良好习惯是密不可分的，这种思考习惯使比尔·盖茨大受其益。由此可见，培养孩子独立思考的习惯会使孩子受益终身的。

培养独立性的核心是加强孩子独立解决问题的能力。如果孩子参加夏令营，家长始终陪同左右；孩子在学校大扫除，父母纷纷去帮忙；孩子遇到麻烦，家长出面来摆平，那么孩子永远也独立不了。因此，做父母既然希望让女儿独立，就不要在女儿有了锻炼机会的时候，挺身而出为女儿保驾或代劳了。

另外，家长要避免凡事代替女儿去做。女儿遇到了难题，要鼓励女儿积极地想办法解决，女儿自己实在解决不了，父母应该和女儿一起分析，找出解决办法。在思考和理解中加深女儿对难题的印象，促使女儿养成认真思考的好习惯。无论大事小事，都要以让女儿独立去做为前提，以提高女儿思维的敏捷性和应变能力，使她们能够举一反三，触类旁通。这些良好的思维习惯对于女儿的一生都大有裨益。

家长们千万不能要求女儿绝对服从自己，这样对女儿的发展是极为不利的，会使女儿渐渐丧失自主性。在"听爸爸妈妈的话才是好女儿"这句话中，明显地带有父母之命不可违的含义。等于是对女儿说："你不需要考虑什么，只要照我的话去做就行了。"这样的话，女儿习惯于请求爸爸妈妈，时时、事事、处处都要爸爸妈妈替自己做出判断、分析；一旦离开父母，即使是很小的事情，也无法自己解决。所以，父母不要包办代替女儿做事，应鼓励女儿积极思考，独立完成。另外，爸爸妈妈在与女儿相处和交谈中，要经常以商量的口气进行讨论，给女儿留下思考的余地，如，"你觉得怎么做会更好"，"你这么想有什么根据"等，给女儿提供发表自己想法的机会，以引发女儿的思考。

做家长的，千万不能过度爱宠女儿，以至于什么都帮她解决，从而使她丧失了自主决定问题的能力。

1. 该放手时就放手，培养女儿的责任心

女儿有了责任心就能运用她自己的智慧、信心和判断力做出决定，会独立行事，并考虑自己行为的后果，能在不影响他人权利的情况下实现自己的需要。因此，具备责任心是女儿主动承担工作、主动思考和独立解决问题的前提。培养女儿的责任心的重要场地就是家庭。女儿在家庭中是独立的个体，虽然年纪小，但同样享有权利和义务。女儿有发表意见和见解的权利，有参与决策的权利，有为自己的事做主的权利，尽管有许多事需要在爸妈的指导、帮助和监督下完成，但父母不应该以女儿小为借口剥夺这些权利。

2. 培养女儿自己的事自己做

培养孩子自主解决问题的能力，可以从让她为自己的事负责开始。幼儿园的孩子都会唱："我有一双小小手，自己的事情自己做"，别让它停留在歌声里，孩子在实际生活中应该逐步学习为自己的生活承担越来越多的事情。让孩子自己负责检查书包看课本和作业是否带齐，经过几次课堂上的尴尬，孩子能学会不丢三落四。让孩子自己准备出行的行装，她能渐渐学会凡事计划在先，分清条理。让孩子打扫自己的房间，孩子能学会为自己的生活改造环境。孩子通过自己的努力获得的成果，是孩子快乐自信的最大源泉和进取向上的最强的推动力。

3. 告诉女儿，自己的决定自己做

让女儿学会选择和决策，是锻炼独立思考能力的重要环节。如果父母只要求女儿服从自己的决定，或事无巨细都为女儿安排好，女儿就没有为自己的事操心的意识，女儿的分析、判断能力得不到提高，遇到问题不知所措，依赖性就更强。父母不要因为女儿缺乏判断力和自制力，就不放心让女儿自己做主。不要害怕女儿犯错误或遭到失败。挫折的考验是女儿成熟的催化剂。自己决定、按自己的计划行事、体验自己决策的后果，是最全方位的学习过程。

不要代替孩子做孩子的事

当孩子还没有自我管理的能力时，父母可以帮孩子完成事情。然而爸爸妈妈毕竟不能一辈子跟在孩子屁股后面帮他，那么最好在孩子有能力完成自己的事情的时候，开始培养孩子的自我管理能力，让孩子明白事情是可以自己解决的，而且自己完成事情更有成就感。

孩子的性格就像一张白纸，环境是五彩缤纷的颜料，而画笔则掌握在孩子周围的人——父母的手中。这张白纸最终能显现出一张什么样的画，取决于颜料是否丰富，取决于父母的画画技是否合格。如果孩子总是生活在舒适的环境中，她的要求总能得到满足，父母只知道迁就孩子，只知道满足孩子，这就像一个画师打开她的颜料盒，里面只有单一的红色，她的画笔只会顺着一个方向抹，这样怎么可能画出一张美丽动人的画呢？

安雅已经12岁了，她是个永远也长不大的孩子，什么事情都由父母操心，一旦父母不管，她就什么都不知道了。每天早上起床、刷牙、洗脸、吃饭，晚上回来做作业、睡觉……

样样都要父母安排好，哪一天如果少了一样，她的生活就会发生混乱。

她的父母每天工作都很忙，碰到这样的情况，也只有叹气的份儿。她的妈妈心底里暗暗羡慕同事的孩子懂事，不需要操心。同事建议她不要管孩子，让她自己来，可是她又放不下心，更不忍看孩子茫然无措，手忙脚乱。

安雅在学校的成绩很好，还是班干部，其他方面也不错，深得老师和同学喜欢，可是她一回到家里，就什么也不会做了。

很显然，安雅是缺乏自我管理能力，而原因就在于她的母亲过于关心她了，从小没有让她养成自己的事自己动手的好习惯，结果把自己弄得很累。现实生活当中，像安雅母亲这样把孩子惯得什么都不会做，自己反而搞得很累的父母不乏其数。

所以，父母要给女儿这样的暗示：事情是可以靠自己的能力解决的。虽然你们不帮我，但是我依旧有能力解决问题！在这种心理的启发下，她自然会找到解决问题的途径。

在孩子的成长过程中，环境对她的影响很大。当她摔倒时，轻轻哭一声就能换来爸爸妈妈的双手，久而久之，她会把哭声当成一种诉求的手段，忘记了摔倒时可以自己爬起来。当她受到委屈时，只需要告诉爸爸妈妈，一切便会解决，时间长了，就会失去自己解决问题的意识。慢慢地，小孩养成软弱的性格，不能自主，缺乏斗志。

如果小鸡在母鸡的翅膀下成长，永远也不可能自己去觅食，如果小鹰只是在老鹰的呵护下长大，则永远也不能翱翔天空。同样道理，孩子只是生活在父母的怀抱里，没有形成独立生活的能力，无法做到自理自助，难以适应日益复杂的社会，就更谈不上建功立业了。因此，父母在教养孩子时，不要大包大揽，对孩子总是放心不下，而要大胆地培养孩子独立的生活能力，让孩子养成自己的事自己动手的好习惯。

对于一个孩子来说，培养他们独立处世和生活自理能力，要比读书和成绩更重要。父母不能跟随孩子一辈子，孩子终将独立生活，走向社会。

其实，没有哪一个孩子会不喜欢自己做事。"做"是孩子自己锻炼的好机会。孩子刚开始会走路时就有一个帮助母亲的愿望，2岁的孩子就会帮大人拿一些东西、为大人跑跑腿，3岁的孩子自立愿望就已经非常强烈了，什么事都想去干，但是孩子真的还太小，那种独立生活的能力其实还很差，常常会把事儿办糟。对孩子来说，只是犯了个小小的而且是"可爱"的错误。像这样的错误，随着孩子的慢慢长大就会避免了。

如果孩子动作发展成熟了，已经具备一定的能力，家长就不要总是认为孩子还小就替孩子做这做那。孩子们只有通过独立地做事，才能够体验到各种感情，这种复杂的感情与他人代替孩子或强迫孩子做事是大不一样的。

苏霍姆林斯基说过："一个孩子为了浇花，开始提了一小桶水，接着他又提第二桶、第三桶、第四桶，结果，他累得满头大汗。这时你不必担心，因为对他来说，这其实是世界上任何一种别的喜悦都不能够比拟的真正的喜悦。在这种辛勤劳动中，孩子不仅可以了解到世界，而且可以了解他自己。童年时期的自我教育正是从了解自己开始的，而且这种自我了解是非常愉快的。一个大约5岁的孩子栽了一株玫瑰，开出了一朵很美丽的花，他不仅十分惊讶地观看着自己双手劳动创造出来的成果，而且还观察了自己本身：难道这是我自己做成的吗？像这样，孩子在慢慢地体验无与伦比的劳动乐趣的同时，还可以通过这件事来正确认识他自己。"

家长代替孩子做孩子的事，不仅不会给孩子带来什么幸福，相反地，孩子会因为失去自己做事儿的机会而很苦恼。因为，孩子既品尝不到成功的快乐，也体会不到那种失败的痛苦，孩子品尝的是成人禁止他们干他们想干的事的悲伤和怨恨，这对于孩子的成长是百害而绝无一利的。帮助孩子而不是亲自出马帮助也就是指导孩子去克服各种困难，这种帮助应该是为了使孩子能够早日获得那种独立生活的能力。

所以，爸爸妈妈不要太宠着女儿，凡事都要替她做，那样她怎么能够独立呢？我们应该学习一些"放手"的小方法。

1. 让女儿尝试着做一些事情

让女儿养成自己的事自己动手的习惯，首先就要让她去尝试。比如女儿不会使用筷子和勺子之前，是家人喂她吃喝，满足孩子饥饿的需要。有一天爸爸妈妈发现，喂饭时，女儿把头躲开，并伸手抢你手中的筷子或勺子。女儿的动作告诉我们什么呢？"她要自己吃饭"。家长应该从孩子的动作中觉察到孩子的需要，并为孩子做好自己吃饭的准备，如准备好不怕摔坏的碗、适合孩子使用的筷子和勺子、适合孩子坐的椅子。当孩子再吃饭时，父母就不喂了，而是让孩子自己拿着勺子或筷子吃饭。尽管孩子的动作显得十分笨拙，但每一个动作都是那样认真。当她把第一勺饭放到嘴里时，你看孩子的表情是那样的满足，她有一种从来没有过的快乐体验。

2. 孩子分内的事情，不要"包干代办"

孩子穿衣服、整理床铺、洗自己的袜子和内裤、整理自己的房间等这些她们分内的事，一定要让她们自己完成。较小一些的孩子可能会做不好，没关系，关键在于练习和尝试。

3. 对女儿做事提出有计划的要求

经常提醒孩子做事前想一想先做什么，后做什么，怎样做最好。如孩子初学洗手绢，可以让孩子先计划自己的行动程序：准备好水和肥皂——卷起衣袖——将手绢浸湿——擦肥皂——搓手绢——用清水洗净——晒手绢。再按计划程序行动。经常指导孩子有计划地做事就能养成有计划性的好习惯。

让女儿明白"勤劳"二字的意义

只要手脚不闲着，就不会走上绝路。细细品味就能明白，人来到这个世界上就要创造自己的价值，只有勤劳的人才有所得、有所获。家长要教导女孩子勤劳的品质，勤劳会让孩子终身受益。

随着年龄不断增长，孩子的生活不仅局限于家中，更拥有了广阔的校园。为了让孩子能够适应学校生活，父母便要求她做些力所能及的劳动，这样才能够得到同学和老师更多的喜爱。可是，也许孩子"享受"惯了，对父母的要求总是推三阻四，迟迟不肯弯下腰，捡起地上的一个纸片。

对于这样的孩子，父母有着说不出的"苦衷"：大道理讲了不少，并且也采取了一些合理的手段，可是她却总是逃避。或者即使劳动了，反而向父母要报酬，你说孩子这么小就如此物质，那么长大后不就更夸张了吗？

想要让孩子学会动手劳动，父母的言语教育当然没有错，但是，这是远远不够的。父母不妨在孩子面前劳动，让她看见自己的辛苦，那么，她就会自觉劳动起来。

华芳特别喜欢模型制作，只要一有空，就会坐在桌子前忙碌。妈妈看到她这个样子，自然感到欣慰，毕竟孩子热爱动手，这是个好的现象。可是，华芳也有一个毛病让妈妈一直头疼，那就是她不喜欢"收拾战场"。每一次做完模型，华芳扭头就跑，全然不顾那些材料、垃圾。尽管妈妈会经常批评她，可这收效甚微，下一次地上照样是"纸屑与灰尘共存"。

有一天，妈妈听别人说，如果能够在孩子面前劳动，那么能够唤起她的积极性，于是，她准备试一试是否有效。

晚上，华芳又开始做模型了，妈妈就在门口看着，等待时机的到来。一个小时后，华芳伸了个懒腰，宣布大功告成，站起来就要往外走。这时候，妈妈拿着扫帚走到了桌子跟前。华芳好奇地问："妈妈，你这要干什么？"

"为你收拾残局啊！"妈妈叹了口气，然后弯下腰，用力地清

6 习惯，决定女孩的美丽

扫着不容易够着的角落。没一会儿，妈妈的额头已经满是汗珠，但清扫的任务却还有很多。

看到这里，华芳有些替妈妈心疼了。她悄悄地拿起垃圾筐，将那些散落在地的硬纸板扔了进去，然后又将各种工具摆放整齐。妈妈扭头看着她，不由得欣慰地笑了笑。

就这样坚持了一个星期，华芳每天都能看到妈妈挥汗如雨的身影。终于，又一个星期一的晚上，当妈妈再次踏进华芳的屋门时，突然看到了一尘不染、干干净净的地面。而在桌子上，华芳写下了一个纸条：妈妈，我自己已经打扫干净啦，不用麻烦你啦！

妈妈没有长篇大论，而是默默地打扫卫生，就是为了让孩子看到：屋子这么乱，不打扫一番明天怎么能够继续工作？并且，这原本是你自己的工作，现在却要让妈妈来替你做。顿时，孩子就体会到了暗示，于是不再想着逃走，而是帮着妈妈一起工作，最终学会了自己动手。

在孩子身上，有一个最明显的特点：不服管教，却又容易感动。所以，这就是为什么父母的道理讲得不少，孩子却始终难以接受的原因。在他们的眼里，父母似乎总愿干涉自己、要求自己，因此势必会产生一种抵制情绪。但是，如果父母以相对沉默的行动对他们给予暗示，孩子会立刻感觉到：原来爸爸妈妈这么辛苦，他们所做的一切都是为了我！于是，他们就不再感到劳动是一种"折磨"，而是一件分内之事。

因此，想让孩子积极地劳动，父母不妨以行动暗示她，让她看到劳动的必要性。只有让孩子认识到这点，她才能主动劳动，而不是感到一种"胁迫感"。一般来说，孩子倘若认为某件事情属于自己的范畴，那么她就不会再抱有怨言，即使辛苦一点，她也会感到这是一种快乐。

需要注意的是，在孩子面前表现出劳动的行为时，父母不要对孩子继续诉说"瞧你懒得什么都要靠父母"的话，这样，孩子会认为父母这是变相地咒骂自己，反而体会不到父母辛苦，甚至对父母产生了反感。如此一来，暗示也就没了意义。

1. 不要频繁地批评孩子

父母最好不要轻易评价自己的孩子，因为一旦孩子知道了父母对自己的一些不太好的评价，会在心理上投下阴影。要学会做孩子的朋友，多进行心理交流，少责骂说教。因为过多的批评，会给孩子施加太多的压力，他们会认为如果下次犯了同样的错误依然会遭到批评，这就是一种很大的压力。

2. 不能过分严格要求孩子

当孩子所作所为达不到父母的要求时，不要过多地表现出焦虑、不安等，因为孩子会为此感到自责。另外，父母的生长环境、受教育状况、价值观念等与孩子不一样，不要处处以自己的标准来要求孩子，毕竟孩子不是大人，他们的能力是有限的。

3. 不要过多干涉孩子的事

父母要给孩子足够的自由空间，给他们玩耍和休息的时间，否则他们会感到很受压抑，相反，给孩子一定的自由，他们会感觉到很轻松，更能发挥自己的聪明才智，而不止于压抑自己。

让好习惯代替坏习惯

坏习惯即使一时改正了，如果没有好习惯来填补空缺，它很快又会反弹，"去而不掉。"

尽管从表面上看，习惯是一件毫不起眼的小事。但是，就是有许多人败在不良的习惯上，例如做事没有主次，控制不住自己的情绪，在生活小节上马虎随便等。这些习惯往往会制约一个人做事的步骤和环节，使人在人生的起点上就输了别人一步，而且这些不良习惯还会一点点地拉开我们与成功人士之间的距离，使人最终成为不良习惯的受害者。

而好的习惯一旦形成，就会成为一个人终生的宝贵财富。钢琴家用不着决定该触哪一个琴键，舞蹈家用不着决定脚往什么地方移，他们的反应是自动的、不假思索的。同样，普通人在日常行为中下意识的反应，也代表着他（她）的基本修养，良好的习惯就等于良好的素质。

习惯如此重要，可惜的是，在生活中孩子一旦养成了不良习惯，要改变它，往往很困难。于是，有些家长不禁要怀疑，我的孩子有那么多的坏毛病，还能改过吗？

答案是肯定的，只要我们认识到自己身上有不足，并且拿出切实的行动来，那么坏习惯就会向我们投降。明代袁了凡博学多才，然而年轻时，他却有着诸多的坏习惯。有一次，他到国子监读书，临行前到栖霞山拜会云谷禅师。两个人面对面地坐在一间房子里，彻夜长谈。

在谈到习惯这一话题时，云谷禅师说："只要人能够从内心做起，就能够改掉自己的不良习惯。当然，要想改掉不良习惯，关键在于必须先了解自己的不良习惯是什么。不知道你是否明白这一点？"

袁了凡略加思索，说道："我这个人，不能忍耐也不愿担当大任，别人不对时，我也无法包容，我还性情暴躁，气量狭小，有时又显得妄自尊大，喜欢高谈阔论，想做就做，不想做就不做。还有，我喜欢喝酒，又经常彻夜不眠，也不懂得保元气，伤了元气身体就不健康。此外，我有洁癖，只爱惜自己的名节，不在乎别人的感受，说话太多、太随便……"

他一口气数出了一大堆自己的缺点，最后叹息一声说："有这么多不良习惯的人，要想把这些坏习惯改掉，谈何容易呢？"

云谷禅师深吸了一口气说："所谓'难者不知，知者不难'，没想到你对自己的不良习惯竟然知道得这样清楚明白，那么改起来就不成问题了。我可以教给你一个用功改过的方法，那就是把自己每天所做的功德和过失一一记录下来，以便知道当天所做的有哪些方面可以改过。"

于是，袁了凡痛下决心，竭力戒掉种种不良习惯，终成一代学者。他写出了多种著作，其中《了凡四训》对后世影响甚广。看来所谓"本性难移"的说法，其实并没有什么道理，关键在于当事者自己认识的高度如何。对于孩子的教养也是一样，家长绝不能以为习惯既已养成，就听之任之，从现在开始，逐步将其往

6 习惯，决定女孩的美丽

正确的方向引导，坚持下去，就定会有效果。

让一块地里不长杂草的最好方法，就是在那里种上庄稼。同样，改正孩子坏习惯的最好方法，就是培养他（她）的好习惯。

习惯被人"养大"后，它就成为了生活的一部分，有它存在的时间、空间，有它存在的理由。因此，坏习惯即使一时改正了，如果没有好习惯来填补空缺，它很快又会反弹，"去而不掉。"对此有一个好办法，就是用新习惯来代替旧习惯。当然，新习惯一定要是好习惯。

如果你能有计划地帮助孩子用新习惯来取代旧习惯，那么，旧习惯的改掉就会彻底一些。比如，用孩子感兴趣的读"课外书"来代替"看电视"，用孩子喜欢的"体育活动"来代替"电脑游戏"，用"倾听"来代替"爱插话"，用"速战速决"来代替"拖拖沓沓"，等等。这样，坚持一段时间，新习惯就可以代替旧习惯了。

对于女孩子来说，由于性格大都娇弱一些，我们在帮助她们改掉坏习惯的同时，要注意锻炼她们的意志力。

对此，心理学家提出一个好方法，叫作"每天去做一点苦差事"。也就是说，每天去做一点自己原本心里不愿意做的事（当然是很有益的事），这样可以磨炼我们的意志，强化我们的毅力，养成以"应不应该"而不是"喜不喜欢"为标准去做事的良好习惯，纠正我们逃避痛苦的本能倾向。

让不爱吃水果的孩子每天吃一个水果，让不爱运动的孩子每天做一点运动，让吃饭拖沓的孩子每天有一顿饭或一碗饭要快吃，让学习爱分心的孩子每天做作业至少有半小时要专心致志。只要坚持下去，不良习惯在不知不觉中就得到改正，好的意志品质就慢慢地塑造出来。

8岁~12岁女孩父母需要重点对待

　　整洁有条理的环境会给人以美感，会使孩子感到心情愉快，同时还有利于他们从小养成文明的举止和良好的习惯。

　　女儿是一个家庭中最娇美的花朵。当她们年幼时，那细嫩的肌肤、柔软的头发，还有身上散发着的那股淡淡的奶香味儿，都令当父母的看不厌，疼不够。女儿的一切表现，都是他们眼中的最好。然而，可爱的小女孩儿终归是要长大的，她们要走出家门，奔向更为广阔的天地，接受众多的目光的审视。这时候，她早年的家庭教养，将在她身上打下深深的烙印。人们一眼看上去，大致就能从她的言行、气质中，分辨出她来自于一个怎么样的家庭，所受的家教如何。著名节目主持人王小丫，出身于一个知识分子家庭，父母除了送给她一个既通俗又雅致的名字外，更以严格而又自由的家教，培养了她清新自然、落落大方的气质。长期以来，在争妍斗奇的女主持人当中，王小丫一直保持着自己独特的魅力，在观众们的心中，不论男女老少，都那么有人缘儿。一个女孩儿气质的打造，听起来很抽象，很空泛，让人有些摸不着边际。其实，我们完全可以通过具体的环境和习惯，给予她们良好的熏陶，潜移默化，一点点地造就她们的举止风范。

　　首先，家庭环境对于培养女孩良好的气质，塑造美好的心灵

6 习惯，决定女孩的美丽

等方面有着不可忽视的作用。

目前，虽然我国大多数家庭的住房普遍不宽敞，但室内是否显得宽敞，并不完全取决于住房面积的大小。同样面积的住房，安排得井井有条，可以显得宽敞；若被杂乱的家具、花哨的点缀、散乱的杂物挤占，就会给人一种透不过气来的感觉。

儿童心理工作者曾提醒父母：家庭空间的局促狭窄，可能导致孩子心理上产生一种压抑感。而且，花哨杂乱的摆设还会引起孩子心情浮躁，所以，宁可少购置家具物品，少摆设一些装饰品，尽量给孩子多留出一些活动空间。

整洁有条理的环境会给人以美感，会使孩子感到心情愉快，同时还有利于他们从小养成文明的举止和良好的习惯。相反，污浊杂乱的环境，不仅使得孩子心情烦躁、抑郁，更严重的是，容易让孩子养成松懈、懒散的不良习惯。因此，家长应当特别注意室内的整洁，东西放置要有条理，哪怕是厨房里的锅碗瓢盆，都应该摆放得井井有条。

父母在营建自己的家庭时，在考虑自己的爱好、需要的同时，也不要忘记考虑家庭物化环境是否有利于孩子身心的健康成长。

比硬环境更为重要的，是一个家庭中文明礼貌的软环境。有些家庭的父母互相指责谩骂的行为习以为常，甚至批评孩子时也是满口的脏话、损话。家庭是孩子的一个温馨的港湾，而不洁净的语言，往往导致港湾里的水变得异常浑浊，从而损害了孩子的心灵。"近朱者赤，近墨者黑。"孩子生活在不洁净的语言环境中，必然会染上出口成"脏"的习惯，长大后再改就很困难了。

在街头巷尾，我们常常可以看到一些外表上美丽时尚的女孩，一张嘴，却时常有些与其身份不符的粗话冒出。这样的女孩，我们很难相信她早年受过良好的家教。

其次，我们要注意，女孩从小过一种有节律的生活，对于她们的成长有些不可替代的影响力。家长要根据幼儿的生理特点，制定合理的生活计划，使之生活条理化。我们给孩子在一定的时间里安排一定的内容，日子久了，孩子就会产生一种"条件反射"。比如每天都在12时30分吃午饭，孩子快到12时30分时就会感到肚子饿，消化器官也随之开始分泌消化液，吃饭时孩子就会感到饭菜可口，食欲很好。睡眠也是一样，如果一个女孩儿坚持每天晚上9点钟上床睡觉，早晨6点钟起床，有节律的生活，首先可以使她有一种积极向上的精神风貌，然后还可以影响她成年后的生活方式，让她很自然地就会选择一种健康的、有规律的生活，远离一些因生活无节制而带来的不良习气。

8岁至12岁是女孩良好习惯的形成期，一个在良好的环境、有规律的生活中长大的女孩，家庭的影响，会自然而然地在她身上显现出来，表现出一个清新健康的气质。这对于她今后的生活道路，将奠定一种良好的基础。

让你的女儿爱上锻炼

在选择锻炼项目时，要以孩子的生理特点、兴趣为基础，根据孩子的素质需求进行选择。

有很多家长反映，现在的孩子越来越懒了，上学的时候，还能在老师的监督下跑跑步、做做操，可一到假期，就变成了"沙发土豆"，能不动就不动。女孩们更是好静不好运动，这种状况则更为明显。如何让孩子过一个丰富多彩、有益于健康的假期呢？

每个孩子都幻想自己的假期能够是丰富多彩的，平日紧张的学习生活可以告一段落，可以拥有更多的自由支配的美好时光。然而，每个假期结束后，大多数学生都会因为"缺乏运动"患上不同程度的"假期综合征"：由于忽视正常的生活起居，生物钟紊乱，引起食欲减退、偏食、营养不均衡、精神不振；很多孩子迷恋于电视、电脑、电子游戏，不仅影响视力，而且身体的运动失衡会影响身体长高；一些家长为孩子安排了各种附加的学习内容，增加了孩子的学习任务，造成孩子头脑发昏、记忆力减退，等等。

治疗"假期综合征"的药方很简单，最主要的两个字是"运动"。美美今年要上四年级了，各科成绩都还过得去，只是体育考试每次都是在达标线左右徘徊。她自己也挺重视这一点，每到寒暑假时就会雄心勃勃地宣布她要在几点到几点钟在小区里练习长跑,每周又要花多少时间到体育馆打羽毛球。然而每次假期真正开始后,她又会以说太热太冷、作业太多之类的理由为借口,整天窝在家里。

今年暑假,美美没有发表什么"运动声明",美美的父母可担心了,估摸着美美决心都不表了,两个月的暑假肯定又成为"坐家"了。思前想后,美美的父母决定得和美美一起制定一份暑期锻炼计划,用点手段来督促孩子运动。父母和美美一商量,她倒是同意了,但是又有了一堆借口,列举她每周要上几小时课,有多少作业要做,说不能保证天天都有时间运动什么的。从美美感兴趣的运动项目入手,美美的父母在暑期运动计划中安排了游泳,美美十分高兴。可是,考虑到如果大人们平时工作很忙,没有时间陪伴、督促美美去游泳,这一计划肯定会"流产",父母就干脆为美美报了个游泳班。

于是,交了费,买了泳衣、水镜、耳塞,将美美全副武装起来,送去游泳馆学习。第一天,去的时候美美兴致挺高,可回来时,尽管玩的还挺开心,但是浑身酸痛、乏力的感觉让美美打了退堂鼓,打算退出游泳班。"那可不行,违反计划可是要受惩罚的,是罚做家务还是没收零用钱,自选一个吧!"于是第二天,心里窃笑的爸爸又将美美"押送"到了游泳馆。但是,今天的状态和第一天的状态就是不一样,美美尽管依然感到疲惫,但是也有了一点收获:可以埋头在水里挺进二三米了。第三天,从游泳馆回来后,美美大声宣布自己会游泳了。好,星期天晚上全家一起去。美美来到深水区,摆好了架势,深吸一口气,头往水里一钻,两条小细腿如青蛙般猛蹬几下,还往前冲了一段,证实了她的"实力"。

其实，到最后美美的游泳水平也就停留在这个水平了，但是父母从来就没有要求她成为游泳高手。相反地，孩子精神好了，皮肤黑了，肌肉结实了，饭量增大了，身高长了几厘米，体重重了几公斤，这才是家长所希望得到的结果。对于美美来说，游泳上取得的一点点进步足以使她感到自豪，而且还结识了几个小伙伴，美美也感到这个暑假过得挺充实的。美美的父母决定，以后每个假期都替美美选个有趣的体育项目折腾一番。让孩子进行体育锻炼，并不是要让他们掌握多高的技能，只要增强了体质，锻炼了性格，我们的目的也就达到了。

　　适合女孩子的运动项目其实有很多，不同的运动项目可以产生不同的锻炼效果。例如：提高速度能力，可以选择跑步、骑儿童车等项目；增强耐力，可以选择长时间跑的游戏、游泳、郊游、跳绳等；增加力量，可以选择跳、投等；提高灵敏协调能力，可以选择跳舞、打秋千、拍球等游戏；提高柔韧能力，可以选择体操、按压等练习。

　　在选择锻炼项目时，要以孩子的生理特点、兴趣为基础。根据孩子的素质需求进行选择，身体哪方面素质欠缺就多练哪方面。对于不同性格的孩子应选择不同的锻炼方式。比如：孩子不太合群、不习惯和同伴交往，建议选择篮球、排球以及接力跑等集体项目。这些活动可以帮助孩子逐步改变孤僻的性格。孩子有些胆小、做事怕担风险、容易害羞，建议选择游泳、溜冰、单双杠、平衡木等具有挑战性的锻炼项目，从而不断地克服害羞、胆小等心理障碍，战胜困难。孩子经常犹豫不决、优柔寡断，建议常带着孩子去参加乒乓球、羽毛球、网球、跨栏、跳远、跳高等运动，这些项目对于锻炼孩子的果断性具有很大作用。孩子做事不能正常发挥，容易紧张，可以多带着孩子参加或观摩一些公开的、激烈的体育比赛，以此锻炼孩子冷静、沉着地应对比赛的能力。

当然，如果孩子对哪一项运动感兴趣，只要生理上适宜做那一项运动，就应该满足孩子的要求，因为兴趣才是真正的老师。只要孩子有兴趣，就一定会热爱上体育锻炼。

有一点需要提醒家长注意，女孩子运动不可过分激烈，对于正处于生长发育期的少女来说，因为身体各部分的机能还在不断地完善，运动时就应该更加注意，避免运动过于激烈而造成对身体的伤害。

强化女孩认真细致的天性

平日的习惯，就是关键时刻的好表现，只有一向做事周密细致的人，才可以随时展现出让人信服的素质。

相对而言，女孩子做事，大都有认真细致的特点。但是小孩子都有共同的心理特征，做事时随意性很强，自我控制能力较差，常常是一件事还没有做完就又想着做另一件事，显得杂乱无章，缺乏条理。在这种情况下，我们家教的重点，应该是培养孩子在做一件事之前，先有周密的计划，然后尽量把这件事往细处做，往踏实处做，尽量做得完美无缺。

事实上，一个人基本素质如何，往往是靠一些细节展示给别人的。有一位女士去应聘财务经理，路上赶上一场大雨，幸好走得早，又带着雨衣，才赶得上。当来到招聘单位的电梯前时，她取出手纸把鞋擦干净后，把纸扔进了垃圾桶。当她坐在面试经理面前时，经理看完证书之后没有问她任何问题，微笑着告诉她，"欢迎你加入我们公司。"

当她不敢相信地看着经理时，经理告诉她："第一，这样的天气你仍然来了，说明你做人有原则，很守信用；第二，没有迟到，说明你准备充分走得早，很守时；第三，衣服没湿，说明你昨天看了天气预报，来时一定带了伞；第四，刚刚从公司的监控录像看到了你的行为，说明你很有修养、很细心。所以，我们很愿意和你这样的人成为同事。"事情说穿了，其实也没什么神秘，同时也没什么难度，但是为什么偏偏有人做得很好，有的人表现却不尽如人意呢？我们只能说，平日的习惯，就是关键时刻的好表现，只有一向做事周密细致的人，才可能随时展现出让人信服的素质。

让我们的孩子养成做事有计划、有条理的习惯不是一朝一夕的事，需要父母的耐心和恒心，还要善于抓住教育的契机进行适时地引导。

在日常生活中，一些小事不能轻视，因为这和孩子养成良好的做事习惯有很大的关系。我们可以指导女儿在打扫房间时，各种摆设要摆得井井有条，用过的东西放回原处，以免需要的时候却找不到；晚上睡觉之前，整理好书包，准备好第二天要穿的衣服；在有什么重要活动之前，多想想可能要发生的事，准备好应对的办法。

在具体的过程中，我们可以有意识地给孩子布置一些力所能及的任务，比如到附近的超市买些日用品，让孩子自己带好钱物，考虑好买的东西有多重，体积有多大，怎么带回家来才合适。教她留心家里常用的物品的品牌是什么，哪种用品需要更换或者添补。让她的大脑和手一起用，锻炼做事的能力。

父母应该随时注意观察孩子做事的方式方法。看看她做事是否有计划，有条理，是否知道先做什么，然后再做什么。通过观察，如果发现孩子在这方面能力差，应立即给她指出来，并告诉她无论做什么事都要按照步骤完成，做完一件事再做另一件事。如果有许多事情要做，必须先安排好顺序。如星期天，父母给孩子提出哪几件事是必须要做的，然后让孩子自己安排。一次次地强化，久而久之，就会让孩子养成做事细致扎实的习惯。

当孩子认真负责地完成了任务时，父母应及时给予表扬和鼓励；当孩子该完成的任务没有完成时，父母应坚持并鼓励由孩子自己继续做完，在必要时，可适当给予帮助，但不要包办代替。

人生活在社会上，有好多事情要做，父母要告诉孩子，无论做什么事都要负责任，这是做人的根本。当自己做错了事时，不可强调客观原因，应主动从自己身上找原因，并认真改正。

对于孩子来说，做事有计划是非常重要的。它可以帮助孩子有条不紊地处理应该处理的事情而不会手忙脚乱。不学会做事，就无法很好地料理自己的生活，也无法很好地进行学习和工作。

7
开发情商,送女儿一份未来的礼物

每个人的 EQ 都不是与生俱来就是完善的、成熟的。EQ 是可经由后天的有意培养和训练来完善的,是在后天的环境与教育中逐步发展和提高的,即高 EQ 是可以培养的。因此,情商的早期培养有着重大的意义,而最佳的培养时机是从 0 岁开始。在情商的早期培养过程中,家庭起着重要的作用。

给女儿积极暗示，让她爱上自己

如果你的女儿在外表上有对自己不满意的地方，做家长的，可以通过适当的心理暗示，让她喜欢上自己的特点。一位心理学家曾做过这样一个实验，他让一个母亲把自己的孩子带到一个温度在20℃左右的房间，再让母亲告诉孩子，房间的温度会慢慢降低到12℃，这样，孩子慢慢地可能会觉得冷。说完这些话后，母亲把孩子一个人留在那个房间里。心理学家从摄像头中看到，孩子缩着脖子，后来把手也缩到衬衫袖子里去了，而且还打起了哆嗦，最后孩子拼命地敲门。出来后孩子对母亲抱怨说，那个房间实在太冷了！而事实上，那个房间的温度并没有降低过，始终是20℃。这样的试验，又在其他孩子身上做了几遍，情况都是相同的。

母亲告诉孩子房间温度将会降低，孩子就接受了这种暗示，他们甚至会因此"冷"得打起哆嗦来！这实在是太奇妙了，因此，儿童心理学家建议说，如果家长能把这种方法用在教育孩子方面，那么一定会产生非常好的作用。相比之下，女孩更容易学会揣摩大人的心思，很在乎别人怎么看待自己，把老师和家长的评价看作是最高的评价、终极的评价、不可更改的评价。这种心理的影响，如果得不到及时矫正，甚至可以伴随她们的一生。

7 开发情商，送女儿一份未来的礼物

有一位女护士，大专毕业后，在一家大医院里工作，形象、气质、修养都挺好，追求她的男孩很多，其中不乏优秀者，对此她一概拒之门外。后来，她不顾家人和朋友的劝阻，找了一个各方面都不强的丈夫。熟悉她的人对此都很不理解。他们婚后的生活很不幸福，夫妻间没有共同语言，丈夫的修养差，还动不动打她。她成天以泪洗面，一年后，伤心地离了婚。

她本可以避免这场注定没有好结果的婚姻。为什么她执意要选择一个糟糕的男人呢？其根本原因是她对自己的外貌很不自信。

外貌姣好的她为什么不自信？这要追究到她从小所受的家庭教育。小时候，不知出于哪门子的审美标准，还是她小时候真的长得不好看，从她记事起，她父亲就多次当面说她："小丫头，你长得这么丑，长大了找对象都难哦！"慢慢地，她就真的认为自己长得丑。如果别人说她漂亮，她就认为是在说反话，嘲笑她。

后来，随着她自信心的增强和心理医生的指点，她终于认识到自己的外貌并不丑，属于比较漂亮的这一类，"长得丑"的标签贴在她身上多年，使得她深受其害。心理暗示可以改变一个人的心理，心理的改变，又可以带来性格的改变。

一个孩子本来很羞怯。一次偶然的机会，在小区里大声招呼了一位奶奶。

这位奶奶是退休教师，非常喜欢孩子，经常带孩子一起玩。从那以后，她经常特意当着孩子的面对别人说，这个孩子特别大方，喜欢叫人。孩子的母亲也跟着这样说。

不到一个月的时间，原本羞怯的孩子彻底变了样。

在小区里玩耍时遇到熟悉的人，老远就叫人家。

"这孩子长得丑"、"这孩子怕生，说话像蚊子似的"、"这孩子太邋遢，什么衣服穿到她身上都没样"、"这孩子整天都无精打采，一点儿也不活泼"，如此等等，对于孩子的错误暗示几乎随处可见。

一个女孩的自信，首先是从爱自己、欣赏自己开始的，做家长的任务，就是尽力帮助她们培养这种信心。依依是个体形偏胖的女孩，她的体态像爸爸，有遗传因素，平日胃口又好，想减肥难度很大。而且，妈妈也明白，依依即使能瘦下来，也不能变成那种她喜欢的纤细苗条的体形。

面对忧心忡忡的女儿，妈妈一直在想办法。一个星期天，依依的姑父和姑妈来家中做客，姑妈是一家律师事务所的负责人，接过很多和经济有关的大案子，是依依的偶像。那一天，依依和姑妈聊得很高兴。姑妈离开之后，妈妈对依依说："我发现一个秘密，你长得越来越像姑妈了，将来一定也能像她那样做出一番事业来。"依依高兴地说："对啊，咱们家的亲戚里我最喜欢姑妈了！"妈妈说："不光你喜欢她，当年上大学的时候，她长得丰满漂亮，性格开朗，老师和同学们都喜欢接近她。"依依的眼睛亮了，从此，很少再为自己的身材发愁了。女孩对自己的认可，和父母的看法有着直接的关系。如果你的女儿在外表上有对自己不满意的地方，做家长的，可以通过适当的心理暗示，让她喜欢上自己的特点。本来，美就是没有一定之规的，一个欣赏自己的女孩，修饰得当，热情洋溢，70分的容貌，就是100分的效果。更为重要的，因为爱自己，又可以激发起她对未来的渴望和进取之心，一步一步地就会往我们期待的秀外慧中的方向发展。

一个女孩子对于自身的素质自信与否，不但影响她在某个活动中的表现，还可能影响她一生的成败。而一个人的自信心主要来自儿童和青少年时期所受的教育和待遇，女孩的容貌体态，是很难改变的，而改变她们的心情，让她们学会欣赏自己，其实并不困难。

给予孩子成功的体验

所有难教育的孩子，都是失去自信心的孩子。所有好教育的孩子，都是具有强烈自信心的孩子。

李娜是四年级的小学生，她成绩一般，在班级表现也不活跃，属于那种既不让老师特别关注，也不让老师特别操心的孩子。几年的小学时光，眼看就这么平平淡淡地走完了。

寒假过去之后，李娜的班主任因为调到外地工作，换了一个新的老师管他们班。一个月过去了，一天，李娜放学回家后，兴奋得满脸通红，在爸爸妈妈惊异的目光中，李娜把一张"学习进步奖"的奖状铺到他们面前。这是李娜从上学以后，得到的第一张奖状。她说："今天老师表扬我了。他说：'李娜同学做作业认真，字迹工整，这一个月以来学习成绩也进步了，照这么下去，她以后的成绩会更出色。'"爸爸妈妈赶紧围过来，共同欣赏女儿的奖状，然后大家一起动手，把这张奖状贴到李娜的房间里。

到了期末考试时，李娜果然有了更出色的表现，对于学校和班级组织的各种活动，也都积极参加，在一次歌咏比赛中，还获得了第三名的好成绩。成功的经历，师长的赏识，是一个孩子成长过程中不可或缺的养分。尤其是对一些表现平平的孩子，给她一种成功的体验，就等于在她面前打开了一扇门。当她品味到成功所带来的喜悦时，一下子就会爱上这种奇妙的感觉，能够调动起更大的积极性来。河南安阳市的少先队，曾在教育专家韩凤珍的指导下，开展过"我之最"活动，即让每个孩子都亮出各自的"绝招"、"绝才"、"绝优"、"绝长"，收到了良好的效果。许多被人瞧不起的孩子或那些被忽视的"灰色儿童"，也纷纷登台露一手儿，有的剪纸、有的爬树、有的驯狗、有的讲历史知识、有的滑旱冰等。孩子们由于显示了自己超人的本领，自信心大增，彼此之间也刮目相看了。有人说："所有难教育的孩子，都是失去自信心的孩子。所有好教育的孩子，都是具有强烈自信心的孩子。教育者就是要千方百计地保护孩子最宝贵的东西——自信心。这是切断后进生生源的重要手段。"而培养孩子们的自信心，一个不可忽视的途径，就是给每个孩子创造表现能力的机会，让他们都尝到成功的喜悦。

不要小看了这种活动，当孩子有一项比别人强的"特长"时，就能焕发出自信心，便会觉得只要自己肯去做，一定不会比别人差。而这种自信心也会延伸到其他领域，使孩子更具有积极性。因此，父母应尽力挖掘孩子的优势潜能，不论是在学习还是在个人爱好方面，有了优势潜能，孩子就会拥有信心。

有教育家说："每个孩子都是天使。"当家长的，不能因为一时没有发现他们的闪光点，就认为这个孩子是平庸的。

许多孩子丧失上进心，并不是因为他们不求上进，恰恰是因为他们在取得一些进步并表现出自己有上进心的时候，被父母们忽视。而当他们不经意间又表现出缺点和不足之处时，却听到父母没完没了的唠叨与责骂，这一切，都会使孩子灰心丧气，加快沉沦。

其实，缺点再多、毛病再多的孩子身上都会有自己的优点，有自己闪光的地方，只不过是不太显著、突出而已。如果父母不抱有成见，用赏识的眼光去看她的时候，肯定会发现孩子身上有很多的优点。孩子也许贪玩一点，但是头脑灵活，能说会道；也许寡言少语，但是成绩非常好，而且心地善良；也许有点任性，但是做事很有主见……只要你善于去发现，就一定能看到她身上值得肯定的地方。父母应该做的，就是善于去发掘孩子闪光的一面，并且给予真诚的赞扬，肯定她的优点。夸奖优点是纠正孩子缺点的最好方法。

比起让学校和社会为孩子找出闪光点来，与他们朝夕相处的家长们，更具有天然的优势。有时父母一个赞许的目光，一句欣赏的话语，对孩子来说都是强大动力。每个孩子都想把好的一面展示给父母，而父母的"赏识"，正是每个渴望进步的孩子重新找回自信、迈向成功的起点。

"永远坐在前排"

　　一个孩子能不能成为天才，取决于家长和老师能不能像对待天才一样爱她、信任她、期望她、教育她。

　　在对女孩的教育中，我们提倡家长保持平常心，不要给她们太多的压力。但这不是说对孩子就放任自流，让她做成什么样子算什么样子，更不能让孩子自己也放弃了更高一层的自我期许。

　　父母对孩子一定要保持期望，因为父母的期望，对孩子来说，具有重要的动力作用和目标导向作用。黄燕的妈妈对孩子的期望值很低，她经常说："一个女孩子，也不指望你做出多大的事业，只要在学校别惹是非，别结交一些坏孩子，别旷课逃学什么的就行了。"在妈妈的这种期望中，黄燕一点进取的动力都没有，有一天看电视时间过晚，第二天，竟然在课堂上睡着了。学习成绩，当然也是逐渐下降。这就是由于要求过低，带来孩子的不进取、无作为。

　　美国心理学家罗森塔尔先生和他的助手做了一项实验：他们随机抽选了一所小学，在这所小学随机抽选了一些学生，然后把这些学生的名单交给校长和老师，并对他们说，我们正在做一项重要研究，通过我们的测试，发现这些学生是"最有发展前途的",要求学校领导和老师严格保密,确保研究课题不受影响。罗森塔尔先生作为著名的心理学家,深受校长和老师的尊敬,对他的说法他们深信不疑。

仅仅是一个权威性的"谎言",8个月后,奇迹出现了。凡是上了名单的学生,成绩都有了较大的进步,并且各方面的表现都很优秀。人们不理解,为什么会这样呢?

因为老师对这个具有"权威性"的判断深信不疑,这个判断左右了老师对学生能力的评价,而老师又将自己的这一心理活动自觉不自觉地通过自己的语言、情感和行为传染给学生,学生强烈地感受到来自于老师的信任、鼓励、关注和期待,因此变得更加自信、自尊、自强,从而在各方面得到了快速进步。

有调查证明:几乎90%在品质、意识和智力方面有杰出表现的人,在自己的童年或少年时期都受到过来自于亲人的积极的暗示。20世纪30年代,英国一个不出名的小镇里,有一个叫作玛格丽特的小姑娘,自小就受到严格的家庭教育。父亲经常向她灌输这样的观点:无论做什么事情都要力争一流,永远做在别人前头,而不能落后于人。"即使是坐公共汽车,你也要永远坐在前排。"

正是因为从小就受到父亲的"残酷"教育,才培养了玛格丽特积极向上的决心和信心。在以后的学习、生活或工作中,她时时牢记父亲的教导,总是抱着一往无前的精神和必胜的信念,尽自己的最大努力克服一切困难,做好每一件事情,事事必争一流,以自己的行动实践着"永远坐在前排"。

玛丽格丽特上大学时,学校要求学习5年的拉丁文课程。她凭着自己顽强的毅力和拼搏精神,硬是在一年内全部学完了。令人难以置信的是，她的考试成绩竟然名列前茅。

其实，玛格丽特不光是在学业上出类拔萃，她在体育、音乐、演讲及学校的其他活动方面也都一直走在前列，是学生中凤毛麟角的佼佼者之一。当年她所在学校的校长评价她说："她无疑是我们建校以来最优秀的学生，她总是雄心勃勃，每件事情都做得很出色。"

正因为如此，40多年以后，英国乃至整个欧洲政坛上才出现了一颗耀眼的明星，她就是连续4年当选为保守党领袖，并于1979年成为英国第一位女首相，雄踞政坛长达11年之久，被世界政坛誉为"铁娘子"的玛格丽特·撒切尔夫人。在我们的现实生活中，当一个女孩的表现有些平淡的时候，周围的人一般不会给予太多关注，他们会以为：一个女孩子，天性柔弱，能力有限，做得差不多也就行了。事实上真是这样的吗？不，不是她的能力达不到，而是师长们尤其是父母对她的激励不够强，只有让她相信自己行，她才能调动起"行"的潜力。

"每个人都希望得到别人的期许，这是人性中最深刻的渴求。"一个孩子，你以对待庸才的态度对待他，她即使再行也会变得不行；一个孩子，你如果经常鼓励她，让她向着更高的目标冲刺，她即使再不行也会变得行起来，她的进步也许会让你大吃一惊。

培养全面发展的"小能人"

对于女孩子的赏识教育，我们应该把它当成一项长期工程来做。有些做家长的，对待孩子却"赏识"得不免有些随意了，比如说在自己心情顺畅时，对孩子和颜悦色，一个劲儿地鼓励；不顺心时，把坏情绪也带给孩子，专门挑她的错儿。或者是在孩子表现出色时，夸奖有加；孩子发挥失常时，家长也跟着灰心失望，责备的话脱口而出。还有的家长，只对自己看重的学习成绩好这一项优点给予激励，对于孩子的其他方面，则很少关心。

作为家长，引导与帮助孩子提高学习成绩，本是无可非议的。但是，家长同时也应该教育与关心孩子怎么做人，怎么发展自己的个性，怎么培养孩子的健康心理，怎么培养孩子的创新精神，而绝不能把所有的精力和时间都用在提高孩子的学习成绩上，都用在孩子的考试分数上。

目前，由于大部分父母把主要时间和精力都用在考试成绩教育上，往往忽视了对孩子的能力培养。我国著名的教育家叶圣陶先生在家教中，从来不把孩子的考试分数看得那么重，而是要求孩子"多读没有字的书"，把见多识广当作孩子成长的最好的养料。他认为让孩子尽可能多地了解社会、了解历史，学会用自己的头脑去思考问题，并且得出有益于社会的结论，就能够以此来正确地指导自己成年后的行为。

叶圣陶的儿子叶至善在上小学时，曾因学习成绩不佳留过三次级。后来，经过努力，他考取了一所以学风严谨、学生成绩优异而闻名的省立中学。他在这所学校读了一年书，又因为有四门功课不及格要留级。

刚进中学就留级，叶至善非常难过，面对那些不及格的成绩单，他忍不住哭了起来。叶至善的母亲很关心孩子的学习成绩，她看到叶至善的成绩报告单上分数那么低，就总是唠唠叨叨，说孩子不争气，没有出息。

而大名鼎鼎的教育家，叶至善的父亲叶圣陶却从来不说什么。他认为，一门功课学得好不好，得看是否能把学的知识全部消化，以达到终身受用。成绩的好坏不是单凭考试能衡量出来的。他对儿子说："你的语言表达能力不错，知识面也不窄，一次考试成绩不好没有关系，以后好好学就是了。"叶圣陶给儿子换了一所教育风格完全不同的学校，叶至善进了这所学校，有了明显的转变，对学习感兴趣了，也不用整天在做练习题和做作业上花费多少功夫，因而有足够的时间看课外书籍，以及唱歌、吹口琴了。

孩子的兴趣变广泛了，父亲很高兴，又鼓励他说："这很好，以后还要多读没有字的书。"他解释说，所谓"没有字的书"，就是通过观察、实验、思考，向社会和自然学习知识和技能。有用的知识不只是在课堂上，不只是在那些教科书里，而是在社会生活中。

在父亲的教育和影响下，叶至善这个在小学和中学留过四次级的孩子，终于学有所成。后来，曾经担任全国政协副秘书长和中国青年出版社、中国少儿出版社编审委员会副主任等职。其实，成绩单只是一种功能有限的教育工具，它仅仅负责唤起父母的警觉，提醒父母们寻求进一步有关孩子的详尽信息，鼓励父母们和老师保持联系并注意孩子的日常作息。成绩单或许能反映孩子适应学校生活的能力，却无法预测孩子未来的成就。有些孩子得天独厚，可以驾轻就熟地适应学校生活并获得优秀的成绩，有些孩子则需经过一番奋斗和努力。

所以，高分未必就能造就优秀的孩子。就长远来看，具有独立性格、幽默特质、艺术或其他特异天分的孩子，往往可以取得更辉煌的成功。

我们要培养出一个优秀的女孩，应当注重孩子的全面发展，给她们提供持久的动力。

孩子所要具备的六大品质为：

自信心：父母应该鼓励孩子相信自己，仔细发现孩子的天赋之所在，然后加以耐心地引导，让孩子具有足以使自己在激烈的竞争中站稳脚跟的本领。

热情："没有热情便无大成。"但是人的热情往往是脆弱的，会由于嘲笑、奚落和失败而受挫以致丧失，所以，需要倍加爱护。

同情：作为父亲和母亲，要培养孩子对一草一木、小猫小狗的同情心，在家庭中形成一种相互关心、相互爱护的气氛，让孩子们在幼小的心灵中萌发出同情的火花。

尊重：包括尊重他人和尊重自己两个方面。我们应该用温柔的劝导来教育孩子们懂得：不尊重别人的人就不会得到别人的尊重。

幽默感：有了一种开朗、幽默的品质，就能不因失败而一蹶不振。

希望：人生的道路上，父母亲应该首先抱有希望，使孩子们明白"黎明前总是最黑暗"的这个道理，从而让他们争取进步，努力前进，直至胜利。

为孩子创造一个适于发展的大环境

给女孩更大的发展空间，不仅仅包括一些硬件环境，更包括了家长对女孩兴趣的支持、对女孩以后发展目标的期许，以及创造女孩与周围人的互动机会等。

为了了解女孩的成就和她们所处的空间的关系，我们先来听一段有趣的故事。美国一家公司在纽约总部办公室的门口，摆放着的一个漂亮的鱼缸。鱼缸里十几条产自热带的杂交鱼开心地嬉戏着，它们长约三寸，脊背一片红色，长得很是漂亮。两年过去了，小鱼们的"个头"似乎没有什么变化，依旧三寸来长，在小小的鱼缸里游刃有余地游来游去。这一天，董事长的儿子来找父亲，看到这些长相奇特的小鱼很是好奇，于是，兴奋地试图抓出一条来。慌乱中，鱼缸被他从桌子上推了下来，摔了一地。鱼缸里的水四处横流，十几条热带鱼可怜巴巴地趴在地上。办公室里的工作人员急忙把它们捡起来，临时放进了院子里的喷泉中。

7 开发情商，送女儿一份未来的礼物

过了两个月，一个新的鱼缸被抬了回来。人们纷纷跑到喷泉中捞那些漂亮的小鱼。十几条鱼都被捞了起来，但令他们非常惊讶的是，仅仅两个月的时间，那些鱼竟然都由三寸来长疯长到了一尺！这是为什么呢？主要的原因就是喷泉要比鱼缸大得多。对于孩子的教育也是这样，孩子的成长需要自由的空间，要想孩子长得更快、更大，就一定要给她活动的自由，而不要让他们拘泥于一个小小的"鱼缸"里。

说到给孩子提供更大的空间、更好的环境，有些家长也许会以为：谁不知道请名师、上名校甚至出国留学可以给孩子打下更好的成长基础，但是这也要看家庭条件，我们心有余而力不足的，又能如何呢？

其实，我们说要给孩子更大的发展空间，不仅仅包括一些硬件环境，更包括了家长对孩子兴趣的支持、对孩子以后发展目标的期许，以及创造孩子与周围人的互动机会，等等。在每个普通的家庭里，一样可以给孩子提供一个大的空间。中国儿童网的CIO（首席信息官）宋司宇的父亲宋铁军，对于孩子的成长史记忆犹新：

孩子懂事后，对有按钮的东西特别感兴趣，像功能复杂的录像机遥控器，我们大人都弄不清每一个键是干什么的，他能。但儿子喜欢按钮的爱好终于也给宋铁军带来了大麻烦：一天，父子俩在商店里逛，宋司宇看到一台打字机，自然又对那些乱七八糟的按钮产生了兴趣，那是1992年，他才3岁，说话不是很清楚，很费劲地对老宋说："爸爸给我买个打字机。"

当时老宋在国家机关工作，每月工资才220元，只好连哄带骗地把儿子搪塞过去了。老宋当时盘算，自己两口子反正是无房

户，孩子住在岳父母家里，一个星期才能见上一回面，怎么着也能把这事给绕过去。不料宋司宇的记忆力好得惊人，每次见面都缠着老宋问打字机的下落。看到儿子这么执着，老宋决定死活也要给他买一台。

当年还没有国产打字机，一种是巴西产的，售价800多元，另一种是南斯拉夫产的，售价700多元。看着商场里让人心惊肉跳的价格标签，老宋手心里捏着那张存折直出汗，但还是咬咬牙把打字机搬了回来。

一台打字机改变了孩子的人生之路，他由此开始爱上电脑。宋司宇8岁开始做程序、做数据库，单位的电脑出问题爸爸就打电话问他，他肯定能解决。为了儿子，老宋不断地为他买书、买软件，越来越专业，这方面的花销几乎是占家里开销的大头。后来，儿子对知识的渴求越来越高，老宋又想办法联系上了中科院软件所系统公司，每周四下午放学后，准时送儿子跟几个工程师学习。老宋表示，儿子的理想是成为中国的比尔·盖茨，我做父亲的就要为他创造条件，进行创新投资。

老宋投资的结果，就有了现在我们看到的"中国儿童网"，12岁的小学生宋司宇是该网站的CIO首席信息官，而老宋也以投资者的身份当上了CEO。老宋一直认为，父亲的天职就是"给孩子创造一个无限自由的空间"。每一个孩子，都是在父母的关爱和扶持中长大的，父母给他们一片大河，他们才能更好地学习游泳；父母给他们一片蓝天，他们才能更好地学习飞翔。我们可以这么说，孩子的未来是在父母的手里展开的。

没有哪个父母会嫉忌自己的孩子，我们都期望孩子将来的成就超过自己。那么父母们要做的，就是尽力为他们创造一个适宜于孩子发展的大环境，让他们自由地生长。我们不能保证自己的孩子出生于最富有的家庭，但是可以保证他们成长于营养最丰富的土壤。

你关注女儿哪种行为，哪种行为就会增多

法国作家拉封丹的一则寓言：北风和南风互相打赌，看看谁的威力更大，谁先把路上行人的大衣脱掉谁为胜。于是北风先发威，它一阵紧似一阵地刮起寒风，想以此把行人的大衣吹掉，可结果越是北风呼啸，行人的大衣裹得越紧。南风则吹起了徐徐的暖风，随着温度越来越高，越来越热，行人们慢慢解开了扣子，继而脱掉了大衣，最终南风战胜了北风。

在生活中，要让一个人按照我们的意愿行事，给予温柔的引导更有效果，否则，对其施加多大的压力，就会激起多大的反抗。在父母与孩子的关系中，这条原则同样适用。我们可以用宽容和鼓励的力量，引导她与我们合作。

对于天真的孩子，你关注他们哪种行为，哪种行为就会增多。与其寻找并盯着孩子的错误，不如去努力"捕捉"孩子做得正确的事情。不论孩子何时走向了正确的方向，都要承认他们的成功，而他们就会继续朝着那个方向前进。

美国有一种自然教学法，这种方法认为，只要是孩子乐意做

的事，家长老师的评价永远是两句话：

太好了，除了不对的地方；

太好了，只错了6道题；

太好了，只不过把"山"念成了"天"。

也许有人会有一些疑惑，为什么"太好了"的评价对孩子有着如此神奇的魅力呢？原因就在于不管孩子表面上多么骄傲，内心里都是脆弱的，弱小的生命常常担心自己不行。如果是女孩，这种现象将表现得更为明显，一声"太好了"仿佛给孩子吃下了颗定心丸，情感的闸门会一下全部打开。

"太好了"这句话不仅仅是为了鼓励孩子而让父母说出的善意的谎言，事实上，每个孩子都有自己的优点，关键是我们用什么样的眼光去看她，是热情的、真诚的，还是苛刻的、挑剔的。

诺贝尔物理学奖获得者安德森读小学时，显得笨拙呆板，被人看不起。他曾经为了思考一个问题而站在马路中间，而使得交通堵塞。很多人都说："这孩子脑袋肯定有问题！""这是个白痴！"安德森的父母也很着急，孩子怎么会这样！但经过仔细分析，安德森的父母从孩子"呆头呆脑"的表象后面看到孩子的优异之处：一个孩子能这样专注地思考问题，实在是少见，这是多么可贵的品质！当别人再嘲笑自己的孩子时，安德森的父母便充满自信地为安德森辩护。父母的理解和鼓励，为安德森带来了巨大的力量和有力的鞭策，他专注的能力得到了不断的发展。这种能力使他在上大学期间的学习成绩骄人，他27岁时发现了正电子，被人们称为是20世纪最伟大的发现，31岁时就获得了诺贝尔物理学奖。

在我们的生活中，或许孩子的表现不尽如人意，没有按照你

7 开发情商，送女儿一份未来的礼物

安排的路线或者你的意愿发展，或许孩子没有达到你预期的目标，或许孩子身上有这样或那样的缺点……这时，你不妨换个角度来看孩子，你会发现，孩子做任何事情都有其可爱之处，也都有她积极的一面。这样，你就不会总认为自己的孩子毫无可取之处了。

许多父母却不愿意把表扬、赞赏带给孩子。他们以为，只有"严厉"才会对孩子起作用。他们甚至可能把"严格"理解为态度生硬甚至对孩子进行责骂、训斥，把严格与鼓励、赞赏截然对立起来，没有认识到表扬、赞赏的独特魅力。

孩子的心理尚未成熟，他们在完成某项活动后的"成功的喜悦"只是一种自我认识，与其在活动中达到的实际水平并无直接关系，而与家长、老师、同学等"重要人物"对其的评价密切相关，哪怕是极其微小的成就，家长如若给予表扬性的评价，孩子就会体验到成就感，从而增强其自信心。

对一个在前进中受了挫折的孩子来说，如果父母也对她失去了信心，她的前途就很可能从此黯淡无光。

不管我们的孩子现在有如何差的表现、不管别人对我们的孩子如何评价，我们始终要发现孩子的优点、长处，我们始终要对自己的孩子有信心！

早年伟大的教育家卡尔威特以自己的孩子为例，提倡不要表扬孩子，那是因为他的孩子已经具备了自我向上的精神，所以他的孩子不需要表扬同样可以成才。对大多数孩子尤其是天生做事低调、冲劲不足的女孩来说，最有益的教育就是树立其自信心及防止自卑，欣赏、表扬、鼓励就是最好的树立其向上信心的方法，同时也是激发孩子潜能、改变孩子不良行为，让孩子更优秀的最好方法。

孩子善于思考，还要表达出来

虽然我们喊了多年的"男女平等"，然而不可否认，在我们的社会生活中，男性依然占据着主导地位。最典型的表现，如在某个团体的会议之中，男性总是可以非常自然地表达自己的意见，女性即使对于正在讨论的问题更熟悉、更有构想，却经常做那种"没有声音的人"，自己的专业程度得不到应有的展示。

究其根源，这与女性在小时候所受的教育方式有着直接的联系。

我国是一个具有几千年封建历史的古国，封建意识在人们的头脑中还有很多。对于下一代，人们喜欢他们听话，一切都要以尊长的意见为主。至于女孩，更要以温柔敦厚为美德，谁家的女儿太张扬了，父母首先看不过眼。长此以往，许多女孩习惯于以父母的意志为意志，以大家的想法为想法，自己的声音，渐渐地就被淹没了。

这样的孩子，在家里是父母喜欢的乖女儿，可是，她将来走向社会，在许多场合中、许多情况下，都会因为不敢表达自己的思想而吃亏。在实力相当的情况下，光环和实利，都落在别人名下。

要让女孩子有思想，敢表达，越早培养越好。首先，我们家

7 开发情商，送女儿一份未来的礼物

长应该积极保护孩子的独立思考能力，不管她的想法是有明显的谬误或者是幼稚可笑，我们都应该以平等的姿态认真参与这个讨论。一天晚上，上小学一年级的南南拿着语文书从房间里走出来，对爸爸说道："我觉得书上有一个字写错了。"

"是吗？哪个字，让爸爸看看。"

南南指着书上一个"他"字对爸爸说："这个字不对。"

"为什么不对呢？"爸爸问南南。

"因为'他'指的是小蝌蚪，小蝌蚪是动物，应该用这个'它'。"南南一边说，一边在桌子上写了一个"它"字。

"噢，你的怀疑很有道理，让爸爸看看。"爸爸把书拿过来，仔细看了一下课文，然后对南南说："在正常情况下，小蝌蚪是应该用'它'，但是课文中是把小蝌蚪当成一个找妈妈的小朋友来写的，这是童话里常用的方法，所以就用了'他'字，明白了吗？"

"噢，在课文里小蝌蚪是妈妈的孩子，是和我一样的小朋友，所以就用了'他'字，对吗？"

"嗯，南南真聪明！"爸爸说道。

古希腊哲人说过："头脑不是一个要被填满的容器，而是一支需要被点燃的火把。"我们在教育孩子时，也要改变过去给孩子填鸭式灌输的消极模式，改变孩子被动的地位，鼓励孩子怀疑事物，充分调动孩子的主观能动性和创造性。

孩子善于思考，还要敢于表达，这样我们才能培养出适应于这个时代的优秀女孩来。有一位心理学家，在他的女儿第一次上学之前，就教给女儿一个秘诀——举手。

女儿遵照父亲的叮咛，把勤于举手作为自己的座右铭。老师提问时，她总是第一个举手，不论老师提的问题她是否完全理解，

回答的是否正确。

日子一天天过去了。老师对这个不断举手的小女孩，自然而然留下了深刻的印象。往后，当老师再提问题时，或者是女孩想发问时，老师总是不自觉地优先让她开口。在这样主动进取精神的熏陶下，她获得了许多不为人所注意的优先，令这位小女孩在学习的进度上、自我肯定的表现上，还有许多其他方面的成长，大大超越了其他的同学。在家庭之中，我们也要给孩子一个发表自己言论的地盘。

家长作为孩子信赖的成长伙伴，一直以来都是孩子接受是非观念的权威对象，为了孩子成为"积极的受教育者"，从家庭教育理念方面全力倡导摒弃传统的家庭权威，我们不是将自己的想法、观点强加给孩子，而是与他们通过讨论协商，明白事情的真正道理。两代人的生活环境不可同日而语，看待事情的方式、观念、处理方法必然存在一定的代沟，在某件事情上发生温柔的争辩，其实就是相互阐述己方的看法，设法求同存异，最终获得双方的共识。

放手让孩子与你沟通、交流，双方适度地发生争辩，是为了培养孩子的自主性和独立性，为孩子将来的工作生活打基础。

要培养孩子独立思考的精神就要鼓励孩子多提问题。孩子对权威的质疑或者孩子某些异想天开的问题，不管正确与否，家长都必须首先给予肯定，千万不能讥讽打击。爱因斯坦说："正确地提出一个问题，比解决一个问题更重要。"提出问题就是解决问题的一半。而只有怀疑才会提出问题，才会引起思考，进而产生创造。

不要将"黄鹂鸟"关在自家的鸟笼里

孩子们在一起,是相互的镜子、榜样和对手,他们可以从中学到的东西将更为直观而易于接受。儿童教育专家认为,有同龄人在一起玩耍、游戏和竞争,是孩子健康成长必须具备的条件之一。有一个有趣的小故事,就说明了一个人要参与到同类群体中的重要性和必要性。

女儿第一次将男朋友带回家里,父亲在客厅里陪着女儿和男朋友天南地北地聊着。

父亲问女儿的男朋友:"你喜欢打球吗?"

男朋友回答:"不,我不是很喜欢打球,我大部分的时间都用来看书、听音乐。"

父亲继续问:"那喜欢赌马吗?"

男朋友:"不,我不赌博的。"

父亲又问:"你喜欢看电视上的田径或是球类竞赛吗?"

男朋友:"不,对于这些竞赛性的活动我没有什么兴趣。"

男朋友离开后,女儿问父亲:"爸,你觉得这个人怎么样?"

父亲回答:"你和他做朋友我不反对,但如果你想嫁给他,我是坚决不赞成。"

女儿讶异地问:"为什么呢?"

父亲说:"一般人养黄鹂鸟,绝不会将黄鹂鸟关在自家的鸟笼里,主人会带到茶馆,那儿有许多的黄鹂鸟。这只新的鸟儿,在茶馆听到同类此起彼落的鸣叫声,便会不甘示弱,也引吭高歌。这是养鸟人训练黄鹂鸟的诀窍。"

女儿问:"这和我的男朋友有什么关系呢?"

父亲说:"养鸟人刺激黄鹂鸟竞争的天性来训练黄鹂鸟展露优美的歌声,若是没有竞争,这只黄鹂鸟可能就终生喑哑了,不能发出任何叫声,主要是因为没有其他的鸟儿来与它比较。"

父亲继续道:"你的这位男朋友,经过我刚刚与他的一番谈话,发现他既不运动,也不喜欢运动,又不喜欢赌博、球赛,排斥所有竞赛性的活动,我认为,像他这样子的男人,将来恐怕难以有所成就。所以,我反对你嫁给他。"黄鹂鸟需要在鸟群里练就优美的歌喉,一个孩子呢?他需要在孩子堆里磨炼自己的能力。父母对于孩子的培养,多是以过来人的身份,给予正确的指引,而孩子们在一起,是相互的镜子、榜样和对手,他们可以从中学到的东西将更为直观而易于接受。

父母应该避免自己的家庭变成一个不与外界接触的孤岛,而应该多给孩子创造一个与他人接触的机会和条件,让孩子在与他人相处中感受对方的关心和帮助,同时也学会避免自我中心主义,培养乐于为他人着想的优秀品质。父母要明白,孩子是需要在人群中生活、学习、工作的。父母要让他从小学会宽容、忍让,懂得理解和尊重,知道倾听和沟通的重要,明白合作和协商的分量,学会让大家认可、让大家接纳。这是孩子迈向成功的很关键的一步,关系到一生的发展。

通过与同龄人接触,孩子可以学到团结、竞争等一些基本的社会价值观念。即使孩子与伙伴们争吵起来，他还会通过辩解、说理和冲突，了解伙伴心中的陌生世界，了解自己与别人在感受和处世方法上的差异。他不仅学会了进攻的勇气、让步的涵养，而且还获得了胜利的体验、失败的教训等。

父母要让孩子学会与亲戚、朋友及同事、邻里之间的孩子互相交往。这项活动要在孩子是婴幼儿时期就加以引导和关注，使孩子在交往中学会尊重、理解、宽容等优秀品格的同时，他还会在不知不觉中增长许多智能，提高自身的判断力、辨别力和灵活性及适应性。

总之，人是要生活在群体当中的，每个人都需要从别人那里获得信息，学习别人的经验和智能，与别人合作和交往。父母要明白孩子必须有能力在人群中过生活，必须学会一些基本的社会技能，例如，怎样让大家认可、获得友谊，怎样善于理解、宽容别人，这些将是孩子迈向成功的很关键的一步，关系到他一生的发展。

对于女孩，家长们多希望她是一个单纯可爱的天使，但是我们要知道，今天的天使，总要走向人间的未来，她们必须学会与其他人共同生活。这就需要她们从孩提时代就在同龄人中学会相互理解、平等交流与和平共处，让她们学会在合作中竞争，在竞争中合作。

家长可以让孩子玩一些诸如共同拼图等需要协作的活动，还要鼓励孩子参与如篮球、排球、跳绳等体育活动。这些活动既有团体之间的对抗与竞争，又有团体内部的协调与一致，这就更有利于培养参与者的合作精神。

激发女儿的主动性

为什么现在的孩子有的时候对事情缺乏热情？这就是因为他的自由时间太少了。他内心的情感不能释放，他那种主动性没有被激发出来。

我国的基本国策是，一对夫妇只生一个孩子，于是，家庭的中心，也转移到唯一的孩子身上。父母们对于孩子的关怀无微不至，每天要吃些什么，穿什么衣服，几点钟学习、几点钟练琴、几点钟睡觉，都要按部就班地安排好。

做家长的，认为自己对孩子该操的心都操到了，他们在无忧无虑的幸福生活里，只管好好学习就是了。然而，在孩子们的心里，又是怎么想的呢？在一辆公交车上，一群初中女生在叽叽喳喳地交谈着。一位女孩大谈她在家里很幸福，引得众女生们羡慕不已。其实，她的幸福仅是在家里敢说"不"字！可以在听音乐时或在卫生间里大喊大叫，父母对她的生活与学习基本上放手，给予充分的信任。而另一个女生，则是每晚9时晚自习结束回家后被逼着要继续学习，妈妈在旁边守着，爸爸则每晚10时准时送荷包蛋进来，她心里哪怕有一千个不想吃的念头，但一看到父母期待的目光，就得咬牙咽下去，但内心里却苦死了。父母对她太好了，好得让她感到压抑，喘不过气来……在衣食无忧的情况下，

7 开发情商，送女儿一份未来的礼物

孩子们渴望的幸福其实很简单：那就是给予她们一定的自由空间和理解信任。

调查结果表明，容易出现心理问题的学生往往是那些备受呵护，成绩较好的学生。其原因就是这些好孩子长期生活在太多的"应该"里，失去了"我喜欢"、"我要"的权利。在那种压抑、紧张、封闭的氛围中生活，孩子容易产生不满意、焦虑、厌恶等否定情绪，家长以为自己给孩子的是关爱，但在孩子的心中却直想逃离。

尽管，父母的用意是好的，但是如果把孩子能自由支配的时间全部规定得死死的，孩子看上去一刻都不闲着，那么孩子永远也长不大。为什么呢？因为一个真正长大的孩子，他是一个独立的孩子，他能成为主人。主人就必须有自由，他能够按照她的需求来安排她的生活。

为什么现在的孩子有的时候对事情缺乏热情？这就是他（她）的自由时间太少了。他（她）内心的情感不能释放，他（她）那种主动性没有被激发出来，所以他（她）是被动的。一天24小时都是大人给安排，什么时候上课，什么时候上自习，什么时候写作业，什么时候睡觉，没有自主性。没有自主性的生活，孩子不可能有热情。

父母都希望孩子能按照自己的要求安排时间，都希望孩子的生活没有危险，但是，如果我们控制了孩子所有的时间，也就意味着控制了孩子的生活、快乐和意志，这样给孩子带来的必然是被剥夺自由的痛苦。连自由都被剥夺的人，我们还能指望他（她）独立、有思想、有创新吗？

有些家长会认为，孩子的自我控制能力差，一自由就"散"

了，父母再也不好管理了。但是事实又如何呢？

有一位母亲，在孩子上小学前，曾系统地为孩子制订了一份生活计划，每天的上学时间、学习时间、吃饭时间、运动时间、阅读时间、游戏时间等都安排得井井有条。

刚开始，孩子对这样的安排还非常感兴趣，完全按照母亲制定的"框"去装内容，但两个星期之后，孩子再也不想按照母亲制订的生活计划去执行了，母亲强迫其执行她总是一副愁眉苦脸状，完成的效果也不如以前。

看到这种情况，母亲经过冷静思考后，觉得不能这样死板地要求孩子，必须要给她一些自由，于是，对于按时起床、睡觉、做家庭作业等必须执行外，其余的项目不再作强制性要求。由孩子自己去支配，做好作业后可以看少儿节目，也可以自己上网下载少儿动画。

计划调整后，孩子的学习兴趣又来了，每天一回家就自觉地做作业，做完作业就看少儿节目，星期天还经常约同学去玩溜冰。孩子在学校里的表现和成绩都不错，更重要的是，孩子是一个自由人。几乎所有的父母都希望自己的孩子有美好的明天，有的甚至早早就为他们设计了未来的道路，希望孩子能够按照他们所设想的人生之路走向美好的未来。但是，任何事物都有其自身的发展规律，孩子的发展在于自身，而不是父母能够完全决定和左右的。

给予孩子自由支配的时间，意味着儿童具有了热情地实现自我、用创造性的方法表达自我的机会。剥夺儿童的自由支配时间，实际上是在剥夺儿童成长和发展的机会。对城市独生子女的调查表明，有更多自由支配时间的独生子女，自信心更强，并且比自由时间较少的孩子有更强的成功需要。因此，父母们应该转变观念，帮助孩子有效地利用时间，发现生活的乐趣，展示自己的才华，让孩子成长为具有健康人格的人才。

自由是需要的，每一个人都需要自由，每一个孩子也需要自由，没有自由就不可能有创新，就不可能有民主，就不可能有身心充分的发展。但是自由不是无边无际的，自由是要受到一些制约的。给孩子自由，但不能够让孩子随意地滑向任何一个方向，一定要给她立下警示标，此路不通，这个办法不行，必须要怎么样。在给孩子自由的同时，可以给她制定一些家规，让她明白任何自由都应该是和责任相对应的。

培养女孩基本的艺术修养

拥有一双善于发现美的眼睛和一颗善于体验美的心灵，是女孩子一生莫大的能力和财富。

那种不顾家庭的条件和孩子的兴趣，而一窝蜂地让孩子学钢琴、学英语、学绘画的教育方式，在 20 世纪末已经被证明是错误的。真正学有所成，成大名、拿大奖的人属于凤毛麟角，而孩子的厌倦、反抗行为却经常发生。家长们费时费力，下了大本钱，结果却往往不尽如人意。那么，除了学习之外，孩子是否还应该接触其他的艺术门类呢？

答案是肯定的，如果家长们矫正一下自己的心态，将对儿女成名成家、晋级后考试加分的期待，转到培养气质、增添生活情趣上来，则可以还原艺术对于生活的本来面目，获得美的享受。

能从生活中发现美，才会体验到人生的美好。审美绝不仅仅在于它能使人领略到愉悦感与和谐感，更重要的是它能提升人生的思想境界，使人能够领略到具有一定哲学意味的生命乐趣和意义。美感，这种神秘的力量既能支配人的情感，也能支配人的思想，有时甚至能左右人们对重大问题和重要事物的判断和选择——当然，由于美的本质具有善的成分，所以，它会自然而然地将事物导向有益的一面。拥有一双善于发现美的眼睛和一颗善于体验美的心灵，是女孩子一生莫大的能力和财富。

在许多伟大人物对少年时代生活的回忆中，常常忘不了那些被艺术之美所启迪的时刻，法国著名的哲学家和文学家卢梭说："我对于音乐的爱好……确信是受了姑姑的影响。她会唱无数美妙的小调和歌曲，以她那清细的嗓音，唱起来十分动听。这位出色的姑娘的爽朗心情，可以驱散她本人和她周围一切人的怅惘和悲愁。她的歌声对我的魅力是那样大，不仅她所唱的一些歌曲还一直留在我的记忆里，甚至在我的记忆力已经衰退的今天，有些在我儿童时代就已经完全忘却了的歌曲，随着年龄的增长，又浮现在我的脑海中，给了我一种难以表达的乐趣。"卢梭在童年时期领受过的音乐的美，对他一生的生活都产生着潜移默化的影响。美的熏陶有如此神奇的力量，有时简直使人难以相信。

从情趣和性格的培养上来讲，引导女孩子爱上音乐，掌握一些乐器的弹奏方法，这无论对孩子的身心发育还智力发育，都是有好处的。很多女孩子，也正是因为从小就接受到了良好的音乐教育，才拥有了一种与众不同的优美气质。

事实上，随着时代的变迁、观念的变化，很多女孩子的父母也都树立了一种正确的音乐教育观念：

"我给女儿报了钢琴班，有空还会带她去听听音乐会，倒不是希望她将来成名成家，就是觉得一定的艺术修养对于女孩子的成长很有好处。"

女孩子的父母们能有这样的教育意识，无疑是科学的、合理的。

对于女孩子的心灵和气质培养，与音乐并重的，还有舞蹈。

女孩子学舞蹈，就像男孩子学武术一样，我们不一定要期望她们练成什么样的水平，只要达到了强身健体、改变精神风貌的作用，就是一种成功。看看我们身边那些能歌善舞的女孩吧！舞蹈不仅塑造了她们的美丽，更在增添魅力、锻炼体力、磨炼毅力、丰富想象力等诸多方面发挥了举足轻重的作用。

处于快速生长发育时期的女孩，经过舞蹈训练，能使她们站得直，形体优美，且能纠正驼背、端肩等形体问题。舞蹈需要全身各部位的配合，可以锻炼女孩子的动作协调性，使女孩子更有节奏感。舞蹈通过音乐、动作、表情、姿态表现内心世界，可以使女孩子潜移默化地接受到艺术表演的熏陶，使女孩子们热爱生活，并能欣赏美、体验美。

要想让女孩子成长为一个更为多才多艺、更具有个人魅力的女性，父母应从小就注重培养女孩的舞蹈气质。即使不送女孩进入专业的舞蹈学校进行学习，也要让女孩积极地加入班级或集体组织的舞蹈学习中。舞蹈带给女孩的好处，将令她一生受益不尽！

　　我们说哪个女孩具有艺术气质，这不仅代表着她形体优美、气质高雅，更表示了她内心的丰富与敏感。有艺术气质的女孩，是有生活情趣的女孩，她们成年以后，对于常常干扰女性的孤僻、冷淡等心理疾患和一些亚健康问题，具备一定的免疫能力。

8

填平代沟，女孩更需要沟通

女孩子并非我们一贯认为的那么幼稚简单，她们的内心世界是丰富的，有自己的想法、理解、感受和好恶等。亲子沟通的意义，一是给予孩子充足的爱——对爱满足的孩子，可以免除孤独、冷漠、紧张等一切心理问题；二是要在沟通中，随时发现孩子的成长问题，以便展开针对性的教育。

倾听女儿真正的需求是什么

一些家长在听孩子说话时总是不够耐心，有的甚至不愿意听孩子讲话，总是不断地打断孩子的倾诉。殊不知，这样做给亲子关系带来的负面作用是难以估量的。

在我们身边的家庭中，最常见的场景是父母坐在沙发上，长篇大论地教育孩子，孩子在一旁低头听着。孩子说，而父母听的情形，实在并不多见。父母们难得静下心来，倾听孩子的心声，工作忙、时间紧只是一种借口，他们的真正想法是："一个小孩子，能有什么复杂的心事，他是我养大的，有什么样的念头我还不清楚吗？"

事实真的是这样吗？

孩子的心思，有时候真不是大人的"想当然"那么简单。在一期家庭互动电视节目上，主持人把一位可爱的小朋友请上台，问他："你长大后想要当什么呀？"小朋友认真地回答："我要当飞机的驾驶员！"主持人接着问："如果有一天，你的飞机飞到大西洋上空，这时飞机的燃油用完了，你会怎么办？"小朋友想了想说："我会让坐在飞机上的人绑好安全带，然后我挂上我的降落伞跳出去。"

这个答案使现场的观众们笑得东倒西歪，主持人继续注视着

8 填平代沟，女孩更需要沟通

这个孩子，想看看他是不是个自作聪明的小家伙。

观众的大笑使孩子噘起了小嘴，眼睛里也有了泪水，这才使得主持人发觉这孩子似乎有无限的委屈。于是，主持人又问他说："为什么要这么做？"小孩的答案透露出一个孩子真实的想法："我要去加燃料，我还要回来！我一定要回来！"

这是一个关于倾听的经典故事，如果主持人没有耐心听小家伙把话说完，他又怎么能体会到孩子的真挚和善良呢？如果主持人打断孩子的话，并说："好了，好了，你这个小家伙！把乘客留在飞机上，自己先逃跑，真是个'了不起'的主意啊！"那么，孩子会觉得多么委屈啊！很多家长都是这样，在孩子还没有来得及讲完自己的事情前，就按照大人的经验大加评论和指教，结果曲解了孩子的意思。

吃完午饭，爸爸妈妈坐在沙发上喝茶看电视，女儿晶晶忽然皱着眉头说："妈妈，我们班来了一个新同学，名叫林晓。"妈妈眼睛盯在电视上，对女儿的话并没有太在意，随口说道："是吗？可能她家刚从外地搬来，转学也是正常现象。"晶晶又说："林晓的运动鞋是新出的款式，特别好看。"妈妈说："小孩子不比学习的好坏，怎么又比上吃穿了？"晶晶不作声了，噘着嘴坐到了一边。爸爸看到女儿的神色不对，就问她说："林晓来到你们班里多长时间了，和你们都熟悉了吗？"晶晶这才说出心里话，原来，在班上，晶晶和小丹是最好的朋友，现在林晓来了，小丹天天和林晓在一起玩，晶晶认为自己受到了冷落，内心里很难过。

知道了事情真正的原因，爸爸劝女儿道："你们现在还小，好朋友就那么有限的几个，其实等以后上中学、上大学、参加工作，

199

不知道要认识多少人，有多少朋友呢？小丹愿意结识新朋友，是一种好现象。再说，她也不是认识了林晓，就不和你玩耍了对不对？大家在一起玩耍才快乐吗？你可以让林晓给你讲讲她原来住的城市的情况，你也领她在校园里去走一走，该有多好？"晶晶听了，觉得很有道理，心情也好多了。一些家长在听孩子说话时总是不够耐心，有的家长甚至不愿意听孩子讲话，总是打断孩子的倾诉。他们可能觉得这样做没有什么，然而这样做给亲子关系带来的负面作用是难以估量的，孩子也会因此而不愿意与家长沟通，有的孩子的性格甚至会变得抑郁内向。

因为对自己所想的事情把握不了，担心遭到父母的取笑或者斥责，有些内向的女孩并不总是把自己的意思表述得清清楚楚，她们也许会采用另一种表达方式向父母暗示。因此在运用倾听手段了解孩子时，一定要细心，要注意那些孩子没有明说出来的事情，这对培养孩子的性格大有帮助。9岁的法国女孩卡特琳的父亲是一个法官，每天都要处理很多民事案件。

一天，卡特琳问她的父亲："在我们这个地区，每天有多少孩子被抛弃？"听到女儿的问题，父亲感到很高兴，没想到孩子这么小就对社会问题如此感兴趣。于是，他就耐心地给女儿讲述了这方面的几个案件，然后又去查了相关的数据。但是卡特琳仍然不满意，继续问同一个问题："在尼斯市被抛弃的孩子有多少？整个法国呢？全世界呢？"

父亲感到很奇怪，经过一番思索，他终于明白了卡特琳的意思：女儿关心的是个人问题，而不是社会问题；她问这些问题并不是出于对那些被抛弃的孩子的同情，也不是真正想要得到这个数据，她其实是在为自己担心，担心自己将来会被父母所抛弃。

父亲仔细想了一下，然后对她保证说："你担心我们会像有些父母那样将你抛弃吗？我向你保证我们绝对不会那样做，我们都很爱你，请你相信我们。"

卡特琳听到父亲的保证，这才安下心来。当孩子经历着内心的失败、创伤或有失望情绪时，他们特别需要温情的安慰。父母应该使孩子感到你不是由于忙或急着做其他的事，而无暇听他们说话。认真倾听孩子的话，注意观察孩子的情绪，引导孩子把心中的烦恼说出来。这样，烦恼很快就会消失，孩子也会恢复快乐。

许多孩子尤其是内向的女孩在与父母沟通时，不会明确地表示出她的想法或需求，所以，在倾听孩子讲话时，如果你不够细心，那么就会忽略了孩子的"潜台词"，而使她的真实想法一直隐藏起来。家长的爱心和耐心，才能真正打开与孩子的沟通之门。

女儿的自尊必须维护

如果大人不拿孩子的秘密当作一回事，孩子的自尊心无形中就受到了侵害，这种侵害的后果就是：孩子与父母产生隔阂，造成沟通上的困难。

要想培养出优秀的女孩，家长要把孩子当作自己的朋友，能够交心，既有助于孩子的成长，也有助于家长对于孩子的养育与管教。那么，怎样才能取得孩子的信任而使她们把你当作朋友呢？最起码的一点，就是要保守孩子的秘密。如果大人不拿孩子的秘密当作一回事，孩子的自尊心无形中就受到了侵害，这种侵害的后果就是：孩子与父母产生隔阂，造成沟通的困难，她紧闭住心灵的大门，家长无法进入，从而不能有的放矢地教育孩子，从而影响到孩子的健康成长。

生活中，家长们当然不会有意拿女儿的秘密开玩笑，但他们往往会把女儿一直当成一个天真无邪的幼童，而忽视她们已经长成了"大姑娘"，已经知道爱面子了。父母经常会对亲友们毫无顾忌地谈论自己的孩子：

"这么点儿年纪，就知道爱美了，每天上学，都要在镜子那儿照半天。"

"上次，班级里一个男同学不经同意便拿走了她的一本漫画书，她不知道自己去要，竟然趴在桌子上偷偷地哭起来，真是没用。"

"这孩子本来就胖，可是就是控制不了饮食，今天中午一连吃了两碗米饭还有一只大鸡腿。"

"昨天晚上光看动画片不写作业，后来都10点多钟了，才勉强对付完了，结果错了好几道题，被老师罚站。"

"她很喜欢跟在北京上大学的小表哥玩耍，人家暑假回家，带来个女朋友，小屁孩还不高兴了。"

家长认为，这只是一些鸡毛蒜皮的小事，可在孩子的心中，已经是她们生活中的大事情了。父母如果毫不在意地泄露她们在家庭生活的偏好，她们以后就会总是留意父母的态度，不再有无拘无束的自由；父母如果毫不在意地评论她们在学校的表现，她们以后就会把这些事当成自己一个人的秘密，而疏于与父母的沟通。

秘密是人们心灵最深处的一笔神秘财富，有时需要掩藏独自品味，有时却需要分享。每个人都有属于自己的秘密，孩子也不例外，当她需要倾诉时，也会选择她喜欢的、信任的人去诉说。如果我们拿这些事儿随便议论和取笑，对于正在成长中的女孩，将是一种严重的伤害。

女孩的自尊心往往是很脆弱的，呵护女孩，不要忘了呵护她们的自尊。心理学家认为，自尊是一种精神需要，是人格的内核。维护自尊是人的本能与天性，有时候，大人的一个小小的举动对孩子心灵的触动以至于今后的影响都是很大的。那么，在孩子幼小的心灵中，哪些事是他们的"痛点"呢？

1. 身体缺陷

如平足、色盲、矮小、过胖、过瘦、眼小、脸丑等生理或身体上的缺陷，尽管是"明摆"着的，但如果大人时不时地提及也会使孩子失意。即便说的是很久之前的事，如出生时瘦得皮包骨或样子像难看的"小老头"，也会让孩子不快。

2. 某些心理疾患

对于自己正罹患或曾经罹患过的诸如孤独症、抑郁症、多动症等与心理有关的疾患，幼儿往往更为敏感。如果大人们经常挂在嘴边，自然不利于疾病的康复。即便疾病已痊愈，当着孩子的面常常提及也等于是在"揭短"，同样不利于孩子的心理健康。

3. 曾经的过失

一些在大人看来微不足道的"曾经的过失",也会使得某些孩子在长时期里都耿耿于怀,只要有人提起,他们便会有"被揭伤疤"之痛。这些"曾经的过失"可能包括某次游戏得了最后一名、某次表演砸了锅、某次郊游出了洋相,甚至小时候爱哭等。

4. 被体罚的经历

被打、被骂、被罚站等体罚往往是孩子"没齿难忘"的痛苦经历,因为不仅皮肉受了苦,心灵也可能受到创伤。即使孩子目前已很少遭到体罚,但在旁人面前频频提及过去的"受辱史",仍然会使她陷入极度的尴尬之中而难以自拔。

5. 家庭变故

比如爸爸妈妈离婚、父母有外遇、失去亲人、父母犯罪入狱、爸爸好赌等事情都让孩子感到无地自容。

6. 孩子的小秘密

比如他们喜欢什么人,讨厌什么人,生活中什么东西最让他们恐惧等。这些事,只有与他们最亲密的人才知道,如果对其他人随便乱说,将会使他们感到难堪。

孩子的心灵,也不完全是像玻璃一样,一眼就能看到底儿的,尽管他们天真,他们幼稚,但是他们一样期望得到平等与尊重的待遇。

如果孩子大方地把内心的苦恼、疑惑一股脑儿倾诉出来,并期待有所回应时,父母应该感到无比的幸福与感动。这是一份多么珍贵的礼物啊,寄托了孩子最强烈的热爱、信任和依赖。父母一定要从孩子的立场出发考虑他的切身体会及苦衷,并做出认真、

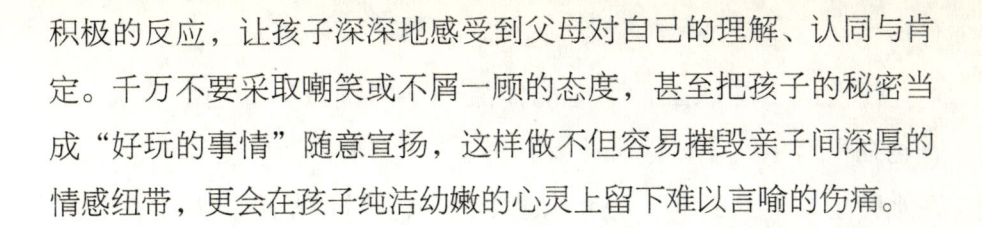

积极的反应，让孩子深深地感受到父母对自己的理解、认同与肯定。千万不要采取嘲笑或不屑一顾的态度，甚至把孩子的秘密当成"好玩的事情"随意宣扬，这样做不但容易摧毁亲子间深厚的情感纽带，更会在孩子纯洁幼嫩的心灵上留下难以言喻的伤痛。

教育女孩，不应当面批评

如果女孩经常在人前受到批评，对父母高要求的惶惑，对别人看法的担心，会使她倾向于否定自己，曾经充足的上进心，也会不同程度地受挫。

人们常说"当面教子"，在人前管教孩子的目的，是让他知羞耻，长记性，这种教育方式，对一些大大咧咧、顽劣不堪的男孩子或者可以偶尔为之，女孩子却大都是敏感的，自尊心又强，对于她们的批评教育，家长们一定要注意选择时间与场合。小池从小学三年级开始练书法，学了一年后，已经写得有些模样了，没少受到老师的表扬。她上书法班的时候，每次爸爸都亲自前往陪同，回家后练习时也总是在一旁严格监督，只要有哪一笔写得不顺眼，爸爸就立刻严厉地指出，一遍又一遍地反复强调。可渐渐地，他发现女儿不敢大胆泼墨了，唯恐写错挨骂，所以笔画有些拘谨。又过了些日子，小池不再喜欢写毛笔字了，让她练字总是推三阻四，甚至公开说不愿写、讨厌写。爸爸又气又急，但也无计可施。

在一次书法课上，小池的作品得了两颗星，算是中等水平，爸爸在一旁生气了，他训斥女儿道："你真难为情！瞧瞧小乐（坐在她旁边的一位二年级女生），和你一同进的书法班，人家的字是只进不退，你呢？"小池的脸立刻红了，嘟着嘴朝爸爸白了一眼，就再也不理他了。爸爸环视了一屋子的家长和学生，忽然意识到自己犯了一个大错误。接下来，女儿在课堂上练的每一个字，几乎都是乱写一气。

回家后说起在书法课上的事，爸爸受到了妈妈的批评。妈妈细心地分析说："孩子这么乖巧认真，才刚学毛笔字不到一年，就能写出这么好的字，怎么连一点鼓励都不给她，总是在一旁指责，你的要求太高了吧？要是你在工作的时候，领导不停地对你指手画脚，还把你和比你好的人进行比较来打击你，你的自尊心是不是会受挫？小小的孩子，要呵护她的自尊心，否则后悔也来不及。"女孩子的心灵很脆弱，小时候受过的伤害，会在脑海里停留很长时间，这对她性格的形成，有着非常大的负面影响。如果她经常在人前受到批评，对父母高要求的惶惑，对别人看法的担心，会使她倾向于否定自己，曾经充足的上进心，也会不同程度地受挫。

虽然和男孩相比，更注重父母评价、更为乖巧的小女孩会较少惹父母生气。但面对自身存在不足的女儿，女孩的父母们却普遍会遇到一个教育的难题：怎么能给女儿以合适的指导，而又不伤害她的自尊？

很多时候，女孩子所表现出来的脆弱、自尊心强等特点，往往使得她们更在乎自己在父母心目中的地位。

8 填平代沟，女孩更需要沟通

因此，作为女孩的父母，就一定要掌握女孩的这种心理特征，顺应其个性特征来进行正确的指导。

事实上，批评男孩的方法与批评女孩的方法，差别是很大的。对于男孩子来说，父母需要重在让他明白错误的原因，并提出合理的解决方法；而对于女孩子来说，父母最终的任务却是——在批评之后，如何让你的女儿既听话，又能深切地体会到你对她的爱。

对于女孩子来说，爱就是她所期盼得到的一切，也是让她正确行事的唯一理由。所以，批评女孩最重要的一点，就是要在批评之后，告诉你的女儿：父母依然是深爱着你的。有个小女孩性格非常叛逆，整天跟父母对着干。妈妈什么方法都试过了，却无法扭转孩子的心。

有一天，妈妈无意中翻出自己当年的育儿日记，那里面记录着女儿成长的一点一滴。她拿出来给女儿念，从她出生时的喜悦，到她得病时妈妈的恐惧，以及对孩子的美好期望，全都包含在这几本日记里。

刚开始女儿还似听非听，渐渐地听入了神，渐渐地眼里有了泪。终于，她忍不住扑到妈妈怀里，哭着向妈妈道歉。爱可以感化一切。女孩子再叛逆，也对父母有着很深的爱。她之所以表现得如此，是因为她觉得爸爸妈妈不爱她了。当她明白了父母对她的爱有多深，她就会用百倍的爱来回报父母。

对于相对比较懂事的女孩子，父母不需要过于明白、过于严厉地指出她的错误。我们可以选择一个合适的时间，和女儿进行一对一的私密交流，那么你的期待、你的暗示，女孩都自然可以领会。这远比在人多的时候，对她进行批评效果要好得多。

留给孩子自我反省的空间

尽管女孩比男孩乖巧文静，很少惹是生非，但孩子毕竟是孩子，她们总也有说错话、做错事的时候，总也有面对意外、不知所措的时候，需要父母的指点和教导。

有些男孩的父母会反映自己的孩子太顽皮，即使面对父母的斥责，也是"左耳听、右耳冒"，或者干脆你说你的，我玩我的，根本就不往心里去。女孩的情况，却基本相反，她们犯了错误之后，常常是父母的脸色刚刚沉下来，她们在那边已经掉起了眼泪。弄得父母轻不得重不得，经常不了了之。教育的效果如何，当然就谈不上了。

面对女孩的这种表现，家长就需要调整自己的教育方式，对于女孩的批评教育，不必那么直接、严厉，留给孩子一定的时间与空间，让她们对自身的错误进行深刻的反省，然后再有的放矢地进行谈话，定会起到事半功倍的教育效果。

过中秋节的时候，姥姥到小可家吃晚饭。爸爸妈妈在厨房里炒菜，就招呼小可给姥姥倒茶，但是小可动画片看得正上瘾，口中答应着，身子却没有动。妈妈生气了，又大声喊了小可一声。姥姥连忙说："又不是别人，我自己来好了，让孩子看电视吧！"于是，姥姥站起来找热水瓶沏茶。偏偏小可家的热水瓶是新换的压力式的，姥姥找不到按钮，只好又招呼小可。小可不情不愿地从沙发上站起来，嘴里只嘟囔："啥事都叫我，看个电视也看不好。"这时正好爸爸从厨房里端菜出来，全都听到耳朵里。他本来想让小可立即给姥姥道歉，转念一想，就说道："小可，你对姥姥太没有礼貌了，吃完饭咱们谈谈。"

大家高高兴兴地吃了饭，爸爸妈妈把姥姥送到楼下，打个出租车送她回家了。他们两个回到家里，谁也不提刚才的事，只是随便议论些天气等情况。小可终于忍不住了，她说："爸爸，刚才是我做得不对，明天我上姥姥家去，向她道歉。"爸爸对小可用的教育方式，叫作延缓性批评，就是在问题发生后先设置一个缓冲阶段，即留给孩子一定的时间与空间，让他们对自身的言行进行深刻的反省，等到孩子头脑冷静下来后再做批评教育。

有些很明显的错误，孩子自己也会意识到。这时父母可采取冷处理的办法，保持沉默，或者装糊涂，暂时将此事搁置不提，让孩子自己反省。因为，此时孩子多已经做好挨批评的心理准备，如果父母如她所愿批评了她，她反而会有一种"如释重负"的感觉，对于批评和自己所犯的过错也就不以为然了；相反，如果父母保持沉默，孩子的心里反而会紧张，会感到"不自在"，静下心来猜测父母的心理，进行自我反省。适度、适时的沉默可造就紧张的气氛，此时无声胜有声，迫使孩子自我检讨。之后再与孩子交换意见，就会达到良好的教育目的。

父母要做到对女孩正确地进行批评，有些具体事项一定要注意，因为批评不仅应该有益于家庭教育，也应该是保持良好的亲子关系的关键所在。

1. 批评要合理

批评合理才能使孩子从心理上产生接受感，才有可能抑制孩子的不良品德、不良行为、不良习惯与不良学习态度等。

父母对孩子进行批评首先要把孩子的不良行为事实搞清楚，事实不清，夸大其词会使孩子产生拒绝心理。生活中，有些父母之所以批评孩子遭到抑制，甚至让孩子产生不满，就是因为父母批评的理由不充分，甚至夸大其词，使孩子产生反感。

2. 批评孩子也要给孩子申诉的机会

当批评不符合事实时，父母也应该允许孩子作出解释。因为如果孩子表面上虚假地表示接受批评，然而内心里大感委屈，实际上不仅于事无补，还可能引发种种弊端。与此同时，父母也要让孩子明白：解释的目的并不是推卸本来应负的责任，还应该要求孩子在解释时保持心平气和、实事求是的态度。

成功的家庭教育来自于父母对孩子的深入了解，接受和尊重孩子而不是揭孩子的短。因此，当女孩的行为表现不能令人满意时，父母千万不要劈头盖脸地随意指责孩子，而应根据孩子的心理特点给予积极引导。以便让我们对孩子的批评能有的放矢，如春风化雨般滋润孩子的心田。

我们应该明白，批评孩子的目的是让她明白是非，找到正确的方法，而打击她的信心，则是在显示家长的高明。所以，在批评孩子的时候，孩子的自尊比家长的情绪更重要，分析总结比指责评判更重要。

尊重女孩的隐私

女孩回避父母的东西，并不一定就是不好的、能使她们误入歧途的，有时候，出于羞怯和自尊，她们会选择独自处理一些事情。

隐私，是每个人藏在心里，不愿意告诉他人的秘密。我们每个人都会有自己的隐私，孩子也不例外。随着孩子年龄的增长，他们的生活领域、知识、情感都逐渐丰富起来，自我意识、自尊意识也在不断增强，原先无所顾忌敞开的心扉也会随之渐渐关闭起来。但是，很多父母却没有意识到他们的孩子正在长大，需要有一方属于自己的小天地了。悠悠是一名初中一年级的女生，一天放学回家后，看到妈妈正在自己屋里收拾房间。她看到自己书桌的抽屉全部敞开着，自己的日记本、同学们送的生日礼物及贺卡等全都堆在桌子上。

悠悠非常生气地问妈妈："您为什么翻我的抽屉，随便动我的东西？"

其实，妈妈倒也不是有意识地要查验女儿的东西，她只是觉得女儿有些小零碎放得太乱了，趁擦地板的工夫，替她归拢一下。现在听女儿这么说，妈妈就急了："怎么了？当妈妈的看看女儿的东西还有错吗？"

"可是你应该经过我的允许才能看啊!"悠悠很愤怒地回答妈妈。

"小孩子有什么允许不允许的,别忘了我是你妈妈,好了,快吃饭吧!"妈妈毫不在乎地对悠悠说。

第二天,悠悠用自己的零用钱买了把小锁,把所有的东西统统地锁在抽屉里。如今的父母们,受现代文明的浸润,很少有翻看孩子的日记、偷听孩子的电话的事儿了,但是对孩子的"隐私空间"依然认识得不够清楚。

其实,孩子到了一定年龄后会强烈感觉到自己的独立性,想拥有自己的隐私,也渴望被尊重。小学阶段的女孩,感情已经变得非常细腻,内心也敏感起来,在家里,就渴望拥有一方不受侵犯的小天地。她们会细心地把一些诸如文具、故事书、小饰物、日记、卡片等物品收藏起来。即使里面并没有什么不可告人的秘密,她们也不希望被家长翻动。平日里换衣服洗澡,甚至梳头照镜子,她们也不希望有人在一旁打量,即使那个人是妈妈也不行。对于这一点,我们的家长应当充分地给予理解,这是女儿自我意识的觉醒,代表着她们已经长大了。

做家长尤其是做妈妈的,可以回忆一下,我们自己,不也是从那个年代过来的吗?那时的思想是:"我属于我自己,你没必要知道我的一切;我正在发现我自己,我不需要你监视着我,看我如何发现自我。"对于自己的日记或者一些信件卡片等,女孩会以为"并不是那里面有不好的东西,但这是我个人的,只有我自己有资格看。"

近来妈妈发现一件怪事:女儿夏雪放学回到家总要把自己关在房间里将近半个小时。妈妈很想知道夏雪在搞什么名堂,但是女儿的回答滴水不漏——"我什么都没干。"其实,夏雪是在偷偷地练习体操动作,盼望能顺利地通过筛选,成为下个月大型体操比赛的队员。不久前,夏雪曾经跟父母说过"我才不想参加体操比赛呢",因此,她不好意思公开此事,怕遭到父母的取笑,也怕选不上没有面子。

如果父母觉察到孩子有所隐瞒,但是又尽量装出若无其事的模样,显然她打算把秘密收藏在心底。可能孩子正面临一个挑战或困难,但这次她不想躲在父母的羽翼之下,而是希望凭借自己的力量去处理问题;也可能这个秘密与孩子的自尊有着莫大的关系,她不愿意被其他任何人发现或洞悉。父母既不该缠着孩子穷追猛打,也不该一个劲儿地给孩子脸色看,不妨收起好奇心,一如往昔地陪伴在孩子身边。孩子拒绝分享绝不是对父母的背叛,而是自我成长的必然表现。

父母为了了解孩子而偷看孩子的隐私,往往会得不偿失。事实证明,这种做法会伤害孩子的自尊心,造成孩子沉重的精神压力,甚至使孩子产生敌意和反抗。孩子会因为自己的隐私受到侵犯而采取更极端的措施将其保护起来,把自己的心扉紧紧锁闭,导致父母与孩子关系的恶化。这样,父母想了解孩子就变得更加困难了。

如果父母担心孩子偏离自己的视线之后,难以掌握她的成长信息,那么,也不一定非贴身地盯住不放。我们可以选择在他们放学或晚饭后、一家人出外散步时的轻松时光,与孩子一起讨论理想、事业、道德、人生观、价值观等问题,可以通过讲故事、举例子等途径对孩子加以引导,引导孩子自己悟出为人处世的真理,提高孩子按规范要求调整自己行为的能力。有了这种自我教育能力，一些隐私中的危险倾向，都有可能自我解决。

你尊重孩子，孩子也同样会尊重你，从而把你当成她的好朋友。当他们遇到什么事情或者心中有秘密的时候，才有可能主动向你谈起。请记住，你越是尊重孩子的隐私，你与孩子的距离也就越近。

尊重孩子的隐私，在家庭教育中应当表现为更多的契约精神和民主、协商的方法和方式。比如，父母进入子女房间应该先敲门；移动或要用孩子的东西应该得到他的允许；任何牵涉子女的决定应该先和子女商谈；不要随意翻看子女的日记或隐私；应该尊重孩子的所有权利，把孩子当作成人一样尊重。

加强交流，增进亲子关系

父母与孩子的沟通，应该是随时随地进行的，饭桌上闲聊，卧室里亲热，孩子刚刚放学时的问候，一家人逛街看电视的空闲，都是了解孩子、增进亲子关系的好时光。

闲暇的时候，一家人坐在一起谈天说地，不但可以增加亲子沟通，也可以更深切地了解孩子的思想念头、忧愁欢乐，这么多么美好的一件事啊！可惜的是，在我们身边的家庭里，父母与孩子之间的沟通并不多，有些家庭，除了"吃饭了"、"考得怎么样"、"出去别惹事"等干巴巴的几句话，很少和孩子进行进一步的交流。如此这般，即使你把孩子的衣食住行照顾得无微不至，但他们的内心里仍然是一片荒凉。

比如，有的父母认为自己跟孩子讲话不用客气，于是态度很凶，以至于孩子渴望成为"客人"，以便家长对他和蔼一些。

比如，有的父母对孩子比较严厉，孩子经常处于被惩罚和训斥的威胁之下，对父母有很重的畏惧心理。

比如，有的父母向孩子提出要求，却不说明理由，以至于孩子感到自己处处被支配，不仅体会不到父母的良苦用心，还会埋怨父母。

有的父母或者由于工作忙或者因为忙于自己的娱乐而很少与孩子待在一起，以至于让孩子产生被父母疏远或者被父母遗忘或者在父母心中自己无足轻重等错觉。

这实际上都是家长的失职，常与孩子谈谈心，才可以弥补这些缺失。至于跟孩子说什么，怎么说，也是一个问题。有些家长常常是拉开架势，告诉孩子说："来，我们谈谈。"这样做的结果，基本上就是父母讲道理，孩子低头听了，并不能达到很好的交流效果。

与孩子交谈，首先要制造一种和谐的气氛，说个笑话，讲点令人高兴的事情，拉近了感情距离，效果就会好得多。

交流的目的，是为了更好地了解孩子，所以，让孩子多开口是要放在第一位的。通过多方式和多方位提问，父母不但能够了解更多的信息，还可以使提问的过程同时成为一个点拨式教导的过程，在与孩子的一问一答中，自然而然地达到了解的目的。

儿童心理学家总结了以下几种比较实用的提问方式，家长不妨参考一下。

1. 敲门砖式提问

这种提问方式主要是为了引起孩子的叙述，比如，"你的观点是……"然后，停下来等孩子说。其特点是，你问孩子一句话，就够他说好长时间了，你需要的信息也就反馈回来了。

像这样的提问还有："那你觉得……""你感觉……""你以为……""你认为……""后来呢？""到底是怎么回事？""你是怎么想的？""你还有什么意见？"，等等。

2. 体贴式提问

比如，孩子说他很烦，并说了一大堆对朋友和学校不满意的话。那你可以这样问他："同学们为什么不理你？""你学习有什么困难？""你希望妈妈怎么帮助你？""你还有什么要求？"

3. 重点式提问

对谈话中的重要部分提出疑问："你说根本没有希望了是什么意思？""你真的要放弃比赛吗？""你是什么时候发现开始出现这种情况的？"

4. 重复式提问

当孩子对你说了许多事情和他的想法之后，你可以说："你看我理解得对不对？你觉得是不是这么回事？"主要是为了确认，同时传递理解和关怀，厘清谈话的内容。

5. 选择式提问

"要独立完成呢？还是让老师再给你找个搭档？""你看是自己复习呢？还是让表姐帮你复习？""这件事情你是自己向老师讲呢？还是妈妈去和老师说？""你是因为他不帮助你而生气？还是因为自己没有做好而自责？"

这样问话的好处是，你已经把孩子回答的答案圈定了，孩子大多会从中选择一个，不会提出否定的回答。

6. 封闭式提问

为了快速启发孩子，达到教育目的，就要学会提问封闭性的问题。比如问："这样做行不行？"孩子就会对你提出的建议和看法表示明确的赞成或反对。诸如："可以吗？""是不是？""行不行？"这类的问话都属于封闭性的。封闭性问题在有足够说服把握的时候非常有用。谈到一定程度，你觉得孩子会说"是""好""可以"时，及时提出这样的问题，她的思路就会被引到你的观点上来，并自觉地按照你的意愿做。这个时候要注意，如果孩子不是口服心服，结果并不会理想，还会有隐患存在。

提问是为了点拨孩子，而不是斥责孩子。因此，不要提一些尖锐的、让孩子感到难堪的问题。你的问题应该是温和而又能够引导孩子思考的。

同时我们要注意，和孩子谈话，不是对孩子训话，而是重在思想交流。孩子常常渴望表达自己内心的感受，希望父母重视和理解自己。家长应该主动地引导孩子说出他的心里话，听了孩子的话后，应及时反馈，使孩子觉得"我被理解了"。

孩子都反对啰唆，最忌没完没了的唠叨。在谈话达到目的后，适可而止。谈话是可经常进行的，不求长谈，只求效果。另外，在谈话时，不妨语言幽默一些。幽默给人以轻松感，使孩子愿意快乐的交谈。

让女儿对自己得到的爱满足

一个女孩如果对自己得到的爱满足，她的心中就会充满种种美好的感情，不必任何说教，她就能自然融入周围的世界，获得别人的喜爱。

有一个女孩儿，她的性格忧郁、孤僻，在别人面前总是沉默寡言，于是，母亲领着女儿去看心理医生。心理医生告诉这位母亲，也许是她的含蓄、内向的表达方式影响了孩子，试着对孩子说"我爱你"可能会有所改变。这位母亲半信半疑，又觉得"我爱你"三个字说不出口，于是，找了个机会，在孩子面前说了句："孩子，你别看妈妈没说过什么，其实，妈妈是很爱你的。"想不到孩子听完后愣住了，眼睛里闪着泪光，半晌说出一句话："我从来不知道你爱我，我还以为你根本不爱我呢！"

孩子们需要爱。尽管每个人都需要爱，但是孩子更为需要，这就像一棵新生的树苗比一棵长大了的树更需要阳光和水分一样。孩子得到爱，才能去爱别人；得到爱，才能去爱生活。正如蒙台梭利所说："没有爱，一切都是枉费。"有一位年轻的母亲鉴于自己曾深受性格内向、不善表达之苦，下决心在孩子的身上扭转这一局面。孩子出生不久，她就经常抱着孩子对他说"我爱你"。到孩子一岁多时，她常和孩子做一种"亲子游戏"，她问孩子："爸

8 填平代沟，女孩更需要沟通

爸妈妈最爱谁？"孩子会习惯性地回答："宝宝。"她再问："宝宝最爱谁？"孩子则快乐地回答："爸爸妈妈。"这个孩子很小就受到爱的熏陶，外出就知道爱护比他更小的幼儿。孩子两岁多时，说过一句话："大家都喜欢我。"这让母亲觉得很欣慰，因为这正是她通过各种努力希望孩子明白的事情。孩子上了幼儿园，有个别家长经常找老师"套近乎"，给老师送礼，要求关照孩子。但她从不这样做，因为她知道一个对自己有信心，同时对别人充满爱心的孩子，完全可以凭着自己的表现赢得老师的喜爱。元旦来临了，孩子想给班上的老师寄张贺卡，却不知该写些什么。她先问清楚孩子想对老师说的话，然后帮孩子写上："老师，我爱你。"老师收到贺卡后，很是感动，自然也更喜欢这个孩子了。学期结束时，在这个孩子的《成长纪念册》上，老师对他的评价是："你通情达理，聪明好学，积极进取，表现欲强。特别是你有着美好的情感世界，对每个小朋友都很友善。你是我们班小朋友的骄傲。"一个女孩如果对自己得到的爱感到满足，她的心中就会充满种种美好的感情，不必任何说教，她就能自然融入周围的世界，获得别人的喜爱。

那么，我们如何才能让自己的孩子感受到温暖的、源源不断地爱呢？《男人来自火星，女人来自金星》一书的作者，心理学博士约翰·格雷，养育了三个可爱的女儿。他认为，孩子通过期待爱来感觉到被爱。要创造一些充满爱意的习惯，让孩子感觉到他们的价值以及与父母双方之间的独特联系。这些习惯无须花很多时间，只需要承认它们是独特的，然后就要一遍遍地重复。

他和妻子与女儿劳伦之间有一个特别的习惯：穿过森林走到城里，然后休息，在当地的书店吃一块玛德琳饼干。在劳伦很小的时候，就把她放在婴儿车里，在她长大一点之后，就步行或者骑自行车。整个活动大约要 25 分钟。来回各 10 分钟，5 分钟吃饼干并摸摸当地的狗。

当劳伦十几岁的时候，依然清晰地记得这些早期的童年经历，以及和父母之间充满爱意的联系。约翰·格雷认为："很多成年人不记得儿童时代的爱和欢乐，这是一个巨大的损失。能够记住被爱、被支持的感觉，会在以后的日子里给予我们深深的安全感。"对于一个女孩子，她童年时所获得的幸福与满足基本上都是从爱中得来。作为父母，必须要告诉孩子"我爱你"，告诉她，无论她做错了什么事，无论她的成绩好坏，无论别人是否看得起她，父母永远都爱她，她永远是父母最珍爱的宝贝。那么，孩子就有了面对人生旅途上的失败和磨难的勇气和自信。因为她知道，哪怕全世界的人都不喜欢她，都不接受她，至少，还有父母爱她，还有一个温暖的家永远在等待着她的归来。相反，孩子如果认为父母不喜欢自己，就很容易得出"我不讨人喜欢"、"没有人爱我"的片面结论，从而影响其性格的健康发育，甚至会影响其一生的幸福。

为人父母，对孩子要慈爱有加，让孩子在情感上有足够的温暖和归属感；要求孩子时要严格却不能严厉、凶恶；当孩子受了委屈、挫折、冷落的时候，要引导孩子乐观通达，让孩子感到如果用好的心态面对现实，现实就不会那么糟糕。总之，让孩子感到人生是一件让人开心的事情，感受幸福，学会快乐，是教育中再重要不过的事情。

不要对女儿说过头话

　　孩子在成长阶段的自我意识，是非常脆弱的。因此，父母要像农民那样，小心地铲草施肥，其责任确实重大。但是，若不施与肥料，而撒上毒药，会使好不容易生长出来的生机勃勃的嫩芽一下子枯萎了，这是众所周知的。这毒药出人意料地藏在你们身边，包含在父母的自私心及妨碍孩子自立的随口说出的话语之中。

　　每个父母都曾责骂过自己的孩子，每个孩子也都曾遭受过父母的责骂，这也是一种很平常的现象。但是，如果父母在气头上口不择言，所说的话超过了孩子的承受能力，那么，这就成为孩子成长的"毒药"了。

　　而生活中最常见的是，孩子读书不用功，父母恨铁不成钢，屡教不改，久而久之就产生烦躁之意。一些成绩差的孩子，往往在学校里受到老师的批评，回到家里，还要受到父母的责骂。责骂无法产生效果时，父母在伤心之余，就会骂出一些过头的气话："人家孩子成绩那么好，只有你期末考试不及格，把我的脸都丢尽了！我不知道怎么会生出你这种孩子！"或者"你要是再考试不及格，我们就不要你了！"当然，骂归骂，实际上父母并没有真的这么想，而且自己内心里也十分痛苦。但像这种恶意的威胁，说多了却会刺激孩子的心理。因为大部分小孩子自出生开始都有一种潜在的不安全感，唯恐父母不喜爱自己。孩子一旦有了双亲嫌弃他或不喜爱他的感觉，就很容易放弃自己或走向极端。而对于女孩，因为天生性格敏感和脆弱，这种伤害对她们尤其难以排解。

如果经常遭受"语言伤害"，孩子的心灵就会扭曲，即使成年之后也会出现较多的行为障碍和个性弱点，难以适应社会。为了孩子的健康成长，家长们要对不良语言的严重后果予以高度关注，不要以为区区几句过头话不会对孩子造成多大危害，要知道，这种心灵的伤害甚至比肉体的伤害更加严重。

在日常生活中，父母对孩子伤害最深的5句话是：

1. 为什么你不能像×××那样呢

如果一个孩子总是比起来不如人家，他就很可能开始憎恨其他的孩子。此时，做父母的最好是不要去比较你的孩子，而是去真正弄清楚你究竟希望你的孩子做些什么。是希望他的房间更整洁呢？还是要他在饭桌上表现得更为懂事呢？把你的注意力集中放在那些你最希望孩子改变的行为方式上。一旦孩子懂得父母所要求他改变的只是他做某种事情的方式，而不是要改变他这个人，他就会在大人面前有更多更好的表现。

2. 有时候，我真希望没有你这个孩子

这句话对孩子的伤害最深，随着孩子的长大，他会将这种看法一同带入社会，并且直到成年之后。

如果你因为烦透了而不禁感叹："我真希望从来就没有你这样的孩子。"你倒不如这样说："有时候你让我非常生气。"更好的做法是在事情还没有弄到最为糟糕之前，设立一定的强制性规章。这样，孩子们就知道了父母亲对他寄予了怎样的希望，他就会有更佳的表现。

3. 你让我一个人待会儿好不好

所有的父母都希望有空闲时自己能够独处一会儿。然而，任何一句对孩子气愤的排斥和驱赶的话语都会使其感到他不为父母所需要了。

当你确实需要时间独处时，不妨这么说："宝贝，我很爱你，但我这会儿正忙着呢。"这就让孩子领悟到过一会儿你就会和他在一起；但如果他坚持要你和他在一起，你可以这样说："你如果再打扰我，你就只能回你自己的房间了，因为现在是我的私人时间。"用这样的方式来处理，事情就会变得有规有矩，而不只是拒绝和排斥了。

4. 闭上你的嘴

这样的话语给予孩子的深刻印象就是你并不关心他的意见，他由此开始把自己看成是那种没有什么重要意见能提出来供人参考的无用之辈。如果你希望你的孩子有礼貌，那么你就应该对他们有礼貌。既不该对同辈人说"闭嘴"，也不应该对你的孩子说出这样的话。

5. 我告诉你的老师去

如果孩子实在不听话，家长在小时候会吓唬他们说："让警察把你带走！"上学后又会威胁他们说："我要把你这件丑事告诉老师和同学。"这样的话会让孩子怀疑父母对自己的爱，感觉到来自于他人的羞辱，这会激起他们的激烈反抗，或者干脆把老师和同学已经知道这件事的假设当成事实而自暴自弃。

有时候，尽管孩子让我们恨铁不成钢，气不打一处来，可是冷静下来想一想，我们的目的，只是让孩子悔改、上进，而不是对他们全盘否定，更不是不爱他们了。那么，为什么我们就不能多一点宽容和爱心，给孩子以正面的疏导而不是负面的打击。

做家长的，千万别对孩子说气话，也许父母只是一时的生气，口不择言，父母说过了，气消了，也许就把当时的气话给遗忘了。而孩子却是极其敏感的，他们会因为父母一时的气话受到严重的伤害，甚至无法释怀。而这样的气话，把孩子的错误严重化、扩大化，不仅不会让孩子认识到自己的错误，更会让孩子产生抵触心理。

别让孩子屈从于你的兴趣

兴趣是最好的老师，但是当孩子对一样事情不感兴趣的时候，就算这件事情有百好千好的益处，强迫孩子去做这件事，对孩子而言是一件痛苦得不能再痛苦的事了。那么这时候的家长要学会尊重孩子的选择，可以引导、诱导，不可利用家长的权威去压服。

只有尊重孩子的兴趣和爱好，让孩子走一条自己喜欢的路，孩子才会愿意为此而奋斗，也只有这样孩子才会真正取得成就。

高文斐是个普通工人，因此，他特别希望自己的女儿巧巧将来有出息。巧巧今年才上幼儿园中班，他就想着，让她参加一个培训班，争取比同龄孩子领先一步。

8 填平代沟，女孩更需要沟通

有一天，一个同事说："巧巧的手指这么长，将来一定能成钢琴家！"这句话，让高文斐动心了。于是，他不顾老婆的反对，第二天就从银行取出一大笔钱，买了架昂贵的钢琴，让巧巧参加了钢琴班。

不过，巧巧并不喜欢钢琴，她真正的兴趣是滑冰。每次，她弹着弹着就哭了，认为爸爸不理解自己。就连妈妈也劝爸爸："既然她不喜欢，就别逼她了！"

谁知道，爸爸暴跳如雷，说："那怎么行！她就适合弹钢琴！她必须学！"

一天，巧巧又是一个人在家里练钢琴。看着外面飘零的雪花，她又一次忍不住地哭了。愤怒之余，她拿起胶水把琴键给粘上，然后害怕地跑出了屋子。她孤单地走着，在一条繁华的路上突然被汽车撞倒，造成了高位截瘫。

巧巧的不幸，相信每个父母都会感到心痛。在心痛之余，我们应该有所醒悟：巧巧之所以出意外，就是因为爸爸的强加干涉，让她学习她根本就不喜欢的钢琴！

这样的故事很极端，但是，这样的家长却不少见。如今不少的孩子，一切行为都被父母掌控，哪怕是自己的兴趣爱好。如果父母的兴趣与孩子的兴趣相一致，那么事情就会顺利许多。但是，如果孩子的兴趣爱好与父母有偏差，那么最终的结局就是：孩子屈服于父母。

父母们没有看到，这么做已经伤了孩子的心，甚至还有些沾沾自喜："小孩子懂什么，还是应该听大人的！毕竟，我比孩子有更丰富的人生经验！等他长大后，他一定会感激我的！"

父母的话看似有理，可是，你们知道孩子的心里是怎么想的？

孩子会以为，爸爸、妈妈是皇帝，是皇后，我不过是个平民百姓，只有被欺压的份儿！久而久之，他们必然会反感父母的管制，必然想要与父母作对。男孩子也许会与父母大吵大闹，而女孩子，则有可能出现巧巧的那种悲剧。

父母要明白，孩子喜欢什么，对哪种运动或文艺有兴趣，这只是她的个人权利，父母没有强加干涉的资格。因为，孩子也是一个人，她有独立的人格。父母应当做的，是顺其天性，对孩子的兴趣进行正确保护和培养，让兴趣成为孩子走向成功之路的导师，而不是强迫她做出改变。正如著名心理学家皮亚杰说的那样："强迫工作是违反心理学原则的，而且一切有成效的活动，都必须以某种兴趣为先决条件。"

对于每一位家长来说，尊重自己的女儿的兴趣爱好，这比物质奖励更重要。当女儿做自己感兴趣的事情时，她往往能够全力以赴；相反，如果父母要求孩子放弃她极感兴趣的事情，做一些女儿不喜欢做的事情，那么她必然会与父母发生冲突，造成令人后悔莫及的恶性事件。

强迫孩子是没有意义的，父母必须要学会尊重孩子的兴趣和爱好。望女成凤当然没有错，可是做父母的不能利用自己的身份压制女儿的喜好，说到底人生毕竟是孩子自己的。

尊重女儿的选择，作为家长只好"委屈"自己的兴趣去迎合孩子的兴趣，从根本上说，是尊重孩子的自我意识和独立人格。

我们都知道兴趣对一个人很重要，对孩子尤其重要。父母在为孩子做决定时，如果父母的兴趣与孩子的兴趣相一致，以后的事情进行得就会很顺利。但事情往往是孩子的兴趣与父母的兴趣不一致，这就需要你做出决定，是尊重孩子的兴趣，还是强迫孩子屈从于你的兴趣。这一点很重要，很多家长都认为，小孩子懂什么，还是应该听大人的，大人毕竟比孩子有更丰富的人生经验。可是作为孩子的父母应该明白一点，你所决定的事要由孩子去实现，你如果违背了孩子的意愿，不尊重孩子的兴趣，往往是既没有达到自己的目标，又挫伤了孩子的自信心。

对于每一个父母来说，一定要找到孩子真正的兴趣所在，绝不可凭自己的主观臆测来判断孩子的兴趣。

女儿喜欢什么或不喜欢什么都是女儿的权利，父母应顺其天性，顺其自然。在沟通中善于发现孩子的兴趣、爱好，并对孩子的兴趣进行正确保护和培养，让兴趣成为孩子走向成功之路的导师。

1. 尊重女儿的兴趣

看到女儿找到了自己的兴趣点，父母首先应当告诉自己："这是她自己的事，我没有权利干涉！"不能把自己的兴趣、愿望甚至自己没有实现的理想一股脑强加在孩子身上，让她感受不到父母的尊重。不仅是尊重，父母更应该学会鼓励："孩子，既然你喜欢唱歌，那么就请你大声地唱吧！快元旦晚会了，你可不要忘记报名哦！爸爸妈妈都等着，你将来成为一个大歌星！"

2. 善于发现孩子的兴趣

对于三四岁的孩子，有时候他们不能清晰地把握自己的兴趣爱好，这个时候，父母就应当予以适当的帮助。如果父母发现孩子在某些方面有长处、有天赋，那么就应该帮助他们多巩固，并鼓励他们做与自己兴趣相关的事。

例如，如果发现女儿很喜欢查数字，那么你可以告诉她："宝贝，你这么喜欢数字啊？那我教你加法怎么样？到那个时候，你会发现数字更美妙！"

当然，如果女儿的天赋比较专业，例如天文类，那么家长不妨请专业人士指导，以免自己的错误认识影响了孩子。

3. 培养女儿的兴趣

一般来说，小女孩的兴趣具有跳跃性和情境性，有时还会表现出隐性，即为好像没有兴趣爱好，或者兴趣爱好很广。这个时候，父母不妨带着女儿多尝试，去爬山、去跑步、去唱歌、去读书，以此让她找到自己的兴趣点，再进行巩固与提高。

9 女孩子，从小就要会生活

"会生活"是一个含义非常广泛的词汇，说一个人会生活，代表着他（她）做事有方法、讲秩序，从容不迫。同时，"会生活"，还代表着一个人内心丰富，懂得生活情趣，对于生活之美有着深刻的感受。培养女孩成为一个"会生活"的人，我们可以从手工、家务、礼仪、艺术、运动、爱好等细节开始，全方位地提升女孩的素质。

让女孩学会以智慧和能力取胜

孩子还处在性格成型期，家长平常要注意培养受欺负孩子的自信心，提高他们的自尊水平和自我评价能力，使他认识到自己的价值和能力。

孩子的自制能力差，对于是非的分辨能力不强，在一起玩的时候，吵嘴打架的事儿时常发生，一些身体强壮、性格放纵的孩子常常会占了便宜，而那些身体瘦小、性格软弱的孩子就受了欺负。一些家长对此并不当回事儿，他们认为，大孩子欺负小孩子，男生捉弄女生，都是儿童成长过程中的正常现象，自己小时候，不是也是这么过来的，也并没有什么大问题吗？

但是现在的女孩，并不像上一代那样，是在一群兄弟姐妹之中，吵吵闹闹、磕磕绊绊成长起来的，她们在家里是父母的宝贝，要什么有什么，换个环境——比如在学校，就成了受气包，这种反差，常常使她们难以接受。长期受人欺负可能对女孩产生严重的心理影响：她们常常会变得抑郁、沮丧，甚至认为自己毫无用处……

更有一种需要我们警惕的情况是，女孩受了欺负，却出于羞耻感、对父母过激反应的担心，或者不想给父母增添过多负担的原因，她们往往就会保持缄默，不向父母诉说自己的遭遇。这对她们身心发育的创伤，往往更为严重。作为家长，我们有责任给女儿足够的关爱，不放过她们身上的任何潜在征兆。

1. 伤痕与瘀紫

孩子们通常容易被划伤、擦伤或碰得瘀紫，但如果你孩子身上的伤痕多于正常发生的数量，你可能就要探究一下原因了。你的孩子可能觉得承认自己受到欺负是一件十分难堪的事，但受到身体侵犯是不可容忍的，你需要弄清楚究竟是怎么一回事。

2. 头疼、肚子疼

经常抱怨头疼或肚子疼也是孩子可能受到欺负的一种迹象，尤其是发生在孩子就要去上学之前。这两种症状都有可能是孩子为逃避上学而寻找的借口，但是，这种生理上的反应也可能完全是真实的。吃饭没胃口也是受欺负的征兆之一。担心受欺负的思想压力往往会导致孩子出现真正的生理疾病。

3. 经常丢钱

孩子如果时常丢钱，也是受欺负的迹象之一。你一定看过不少电影，电影中时常有那些欺负人的家伙索要其他孩子午餐钱的镜头，而这在真实生活中是时常发生的。受欺负的孩子可能会因此变得非常易怒，而这种易怒的负面情绪很容易撒在身边的父母身上。如果你注意到你的孩子总是处于一种愠怒、沮丧、侵犯的情绪之中，那这也是一种受到欺负的迹象。

多数小女孩都曾有过被捉弄、欺负的经历，但只有极少数的是长期的受害者，而家长所能提供的最好的保护，就是培养孩子的自信心，锻炼她们的独立性。

当女孩出现反常情绪时，这代表她的生活可能出现了一些麻烦。这时候父母要用爱和同情来接纳孩子，引导孩子倾吐心中的不快，让孩子知道父母了解她此时的感觉。倾听了孩子的心声之后，再与孩子共同讨论和探索解决问题的方法。

体育课对六年级学生婷婷来说，实在是一种折磨，因为有一个男孩常常抢她的运动器械，有一次，还把她搭在高低杠上的上衣扔到地下。"最后，我们想出了一个办法。"婷婷的母亲说。当下次那个男孩又要来欺负她时，婷婷突然声色俱厉地喊道："把你肮脏的手拿开！"那个男孩被吓得一怔，每个人也都转身看着他。他再也不敢找婷婷的麻烦了。心理学专家认为，帮助孩子练习类似的果敢行动可以使她们增强信心。家长可以在家中与孩子一起轮流扮演欺负者与被欺负者的角色，教会她们如何疾言厉色地呵斥想欺负她们的人，而不是低着头或怯生生地含糊其辞。成人的世界里有一句话："消灭敌人的最好办法是把他变成朋友。"这句话在孩子的世界里同样适用。对那些腼腆、害羞或不善于交际的女孩，家长可以在孩子放学后将她的同学请到家中做客，帮助他们建立友谊，对于稍大一点的孩子，家长可以鼓励她们多参加体育锻炼或其他活动，以便结交朋友。

一般容易受欺负的孩子都是自信心不足的孩子。自信心不足就比较容易顺从、没有自己的主见，也就是平常人们口中所说的懦弱。孩子有此现象，家长们也不要急，更不要轻易去责骂孩子无用之类的话。孩子还处在性格成型期，平常注意培养受欺负孩子的自信心，提高她们的自尊水平和自我评价能力，使她认识到自己的价值和能力。那么，怎么样才能做好这些呢？这就要求家长在日常生活中要善于发现孩子的长处并及时给予鼓励和表扬，让孩子体验到成功的欢乐和自己的价值。另外，家长要跟老师随时沟通，并请老师协助，老师的关心和重视，更能让孩子受到鼓励,让孩子能在长期的熏陶培养中提高他们的自信心。

家长在孩子受欺负后不能急于下结论,应引导孩子如实地把事件经过讲清楚,和孩子共同分析事件发生的原因,并与孩子共同商讨解决问题的办法。切忌因为孩子受欺负而约束孩子的交往,或者怀着一种"恨铁不成钢"的感情去责骂孩子无用。提高女孩的自信心和果断处事的能力,才是让她们抬头挺胸做人的关键点。

父母们总是希望孩子受到欺负时能够积极反抗和自卫,以免养成懦弱的个性。但是,大多数父母同时又理智地认识到,"打回去"的教育方式并不能解决根本的问题,对于力量上本来就处于弱势的女孩更不适宜。更何况,成人社会中,暴力行为最终也要受到社会的谴责和法律的制裁。因此,教孩子正确的交往技巧,学会以智慧和能力取胜,才是孩子立足于未来社会,并在竞争中获得成功的根本途径。

强化女孩认真细致的天性

平日的习惯,就是关键时刻的好表现,只有一向做事周密细致的人,才可以随时展现出让人信服的素质。

相对而言,女孩子做事,大都有认真细致的特点。但是小孩子都有共同的心理特征,做事时随意性很强,自我控制能力较差,常常是一件事还没有做完就又想着做另一件事,显得杂乱无章,缺乏条理。在这种情况下，我们家教的重点，应该是培养孩子在做一件事之前，先有周密的计划，然后尽量把这件事往细处做，往踏实处做，尽量做得完美无缺。

事实上，一个人基本素质如何，往往是靠一些细节展示给别人的。有一位女士去应聘财务经理，路上赶上一场大雨，幸好走得早，又带着雨衣才赶得上。当来到招聘单位的电梯前时，她取出手纸把鞋擦干净后，把纸扔进了垃圾桶。当她坐在面试经理面前时，经理看完证书之后没有问她任何问题，微笑着告诉她："欢迎你加入我们公司。"

当她不敢相信地看着经理时，经理告诉她："第一，这样的天气你仍然来了，说明你做人有原则，很守信用；第二，没有迟到，说明你准备充分走得早，很守时；第三，衣服没湿，说明你昨天看了天气预报，来时一定带了伞；第四，刚刚从公司的监控录像看到了你的行为，说明你很有修养、很细心。所以，我们很愿意和你这样的人成为同事。"

事情说穿了，其实也没什么神秘，同时也没什么难度，但是为什么偏偏有人做得很好，有的人表现却不尽如人意呢？我们只能说，平日的习惯，就是关键时刻的好表现，只有一向做事周密细致的人，才可能随时展现出让人信服的素质。

当然，让我们的孩子养成做事有计划、有条理的习惯不是一朝一夕的事，需要父母的耐心和恒心，还要善于抓住教育的契机进行适时的引导。

在日常生活中，一些小事不能轻视，因为这和孩子养成良好的做事习惯有很大的关系。我们可以指导女儿在打扫房间时，各种摆设要摆得井井有条，用过的东西放回原处，以免需要的时候却找不到；晚上睡觉之前，整理好书包，准备好第二天要穿的衣服；在有什么重要活动之前，多想想可能要发生的事，准备好应对的办法。

在具体的过程中，我们可以有意识地给孩子布置一些力所能及的任务，比如到附近的超市买些日用品，让孩子自己带好钱物，考虑好买的东西有多重，体积有多大，怎么带回家来才合适。教她留心家里常用的物品的品牌是什么，哪种用品需要更换或者添补。让她的大脑和手一起用，锻炼做事的能力。

父母应该随时注意观察孩子做事的方式方法。看看她做事是否有计划、有条理，是否知道先做什么，然后再做什么。通过观察，如果发现孩子在这方面能力差，应立即给她指出来，并告诉她无论做什么事都要按照步骤完成，做完一件事再做另一件事。如果有许多事情要做，必须先安排好顺序。如星期天，父母给孩子提出哪几件事是必须要做的，然后让孩子自己安排。一次次地强化，久而久之，就会让孩子养成做事细致扎实的习惯。

当孩子认真负责地完成了任务时，父母应及时给予表扬和鼓励；当孩子该完成的任务没有完成时，父母应坚持并鼓励由孩子自己继续做完，在必要时，可适当给予帮助，但不要包办代替。

人生活在社会上，有好多事情要做，父母要告诉孩子，无论做什么事都要负责任，这是做人的根本。当自己做错了事时，不可强调客观原因，应主动从自己身上找原因，并认真改正。

对于孩子来说，做事有计划是非常重要的。它可以帮助孩子有条不紊地处理应该处理的事情而不会手忙脚乱。不学会做事，就无法很好地料理自己的生活，也无法很好地进行学习和工作。

从小培养女孩的理财观念

女孩子从小培养起良好的金钱观念,学习正确的理财知识,长大后,才能从容地面对与金钱相关的一切。

在我们以往的教育观念中,家长或多或少都有些忌讳和女孩子谈钱。他们认为,女孩子这么早接触钱,有可能变得庸俗势利,还容易养成虚荣攀比的坏毛病,而且女孩子小的时候有父母照顾,长大嫁人有丈夫拿主意,她懂不懂得理财,关系也不大。其实,这只是一种误解,女孩子从小培养起良好的金钱观念,学习正确的理财知识,长大后才能从容地面对与金钱相关的一切,拥有一定理财能力的女孩,反会更容易养成节俭、朴素、爱劳动等良好的行为习惯。反而是那些一直处于父母的管制与保护中的女孩,等到要独自面对与金钱相关的考验时,往往容易惊慌失措,惹出一些不必要的麻烦。

家庭教育要注重从书本回归生活、回归社会。应设置开发孩子"财商"的内容,财商教育其实就是"钱"的教育,社会这部大机器在运转的过程中,离不开"金钱"这个润滑剂。要让孩子正视生活现实,是很有必要的。

"理财"的内容很多,也很烦琐,如果我们想要找个较好的参照目标的话,那么不妨借鉴一下美国的少儿理财教育目标,他们对每个年龄段的孩子都有具体的要求。

3岁：能辨认硬币和纸币；

4岁：知道每枚硬币是多少美分；

5岁：知道硬币的等价物，知道钱是怎么来的；

6岁：能够找数目不大的钱，能够数大量的硬币；

7岁：能看价格标签；

8岁：知道可以通过做额外工作来赚钱，知道把钱存在储蓄账户里；

9岁：能够制订简单的一周开销计划，购物时知道比较价格；

10岁：懂得每周节约一点钱，留着大笔开销时使用；

11岁：知道从电视广告中发现理财事实；

12岁：能制订并执行两周开销计划，懂得正确使用银行业务中的术语；

13岁至高中毕业：进行股票、债券等投资活动的尝试，以及商务、打工等赚钱实践。

他们这样做的目的，是使每个孩子从小开始就建立起职业价值观念，掌握一些职业技能和知识，获得谋生的能力。

在现实生活中，我们可以根据具体的情况帮助孩子制定理财目标，方法也要尽可能地灵活。赵月从小是个爱美的小女孩，总是琢磨着要添置新衣服，一旦发现班级里某个同学穿了什么好看的衣服，回家就要让妈妈也帮自己买。妈妈看到女儿一会儿一个新要求，总是不知道满足，就找个时间和赵月一起制订了一个"置衣计划"。她先告诉女儿家中工资收入总计是多少，日常开销是多少，给她买衣服只能用多少。比这个数再增加一些，一年给她置装费多少，分两次支付，全部由她自行支配。如果鞋买贵了，上衣就节省点儿；买了好裤子，手套就不买了。这使孩子对自己应享有的配额非常清楚，再无分外之想，另外还促使她了解市场，锻炼了对生活的控制能力。后来等赵月长大，到另一座城市上大学，开始了自己的独立生活，周围的人无不对她消费得当、善于理财的能力印象深刻。"儿童时期的理财方式往往会伴随一个人的终生。"在我们身边，孩子大手大脚地花钱、挥霍浪费现象非常严重。因此，让孩子从小学会如何花钱，学会如何使用钱，学会如何管理钱就显得非常重要。树立正确的金钱价值观，培养正确的投资理财能力对孩子是很好的锻炼和提高，而且也是今后孩子生存必备的技能之一。让孩子学会理财，可以从以下几方面做起。

1. 给孩子定量的零花钱

要使孩子成为一个既精明又有责任心的人，能保持收入平衡，不负债，这需要经过多年的培养才成。当孩子定期拿到零花钱时，他（她）就会开始懂得生活的基本法则：没有钱，就不能买东西。

2. 让孩子帮忙购物，了解钱的价值

和孩子一起填写购物单，教孩子看价钱，让孩子付款，把找回来的零钱给孩子当作奖励，并教孩子将钱投到储蓄罐里，建立储蓄的观念。

3. 为孩子开设银行账户

当储蓄罐已经有不少存款时，带孩子到银行开设一个属于他（她）自己的账户，教孩子看懂储蓄存折，告诉孩子什么叫作本金，什么叫作利率，利息是怎样产生的；以孩子的名义开个账户，让他（她）有自己的存折并为之负起责任。这一经验有助于养成孩子终生储蓄的习惯。

4. 借钱给孩子，培养贷款观念

有时候孩子想购买的物品价格和自己存的钱有较大落差，这时除了引导孩子调整目标之外，还可以适度地"借钱"给孩子，让他（她）有借钱、还钱并支付利息的观念，从中培养孩子的责任感。还款时可以从以后的零用钱中分次扣除，也可以一次性扣除下一次的零用钱，比较两种方案要还的利息是多少。

5. 要让孩子了解家里的经济状况

如果孩子不知道为什么要限制他（她）乱花钱，他（她）怎么会接受对他（她）的限制？做父母的可以粗略地向自己的孩子谈一下家庭每月的收支情况，这样，不仅可以使孩子知道家里的经济条件，而且还有助于激励他（她）做到勤俭节约。

培养孩子的理财观念，除了强化他们勤俭节约的观念外，更重要的，是对他们责任感和自我约束力的培养。所以，不论你的经济条件如何，对孩子正确的金钱观念的引导是必需的。

让女儿做你的家务帮手

在实际生活中，有些家长心里也明白让孩子参与家务劳动的重要性，却又对一向娇宠有加、不服约束的孩子无可奈何。脾气上来时，吼叫一阵，强迫孩子干那么三五分钟，孩子一撒娇、一哭泣，心肠又软了，摆摆手让他们自己玩去了事。

这种虎头蛇尾式的管教方法，是培养不出爱劳动的好孩子的。要让孩子听话，必须要掌握他们的心理特点，让我们先听听孩子们对于家务活是怎么个想法。

13岁的小女孩小蔚说："每次吃完饭，爸爸总会板起脸，喝道：'快去洗碗！'那种不由分说的语气，好像我不洗碗就大逆不道似的，真叫人难受！如果我稍不乐意，他们就会把嘴一抿：'不洗也可以，这个星期的零用钱就免了吧！'于是，我只好无可奈何地端起碗筷。每每这时，我总是在想，为什么你们要对我呼来喝去？我真的好期望爸爸妈妈能笑眯眯地对我说：'女儿，今晚洗碗，好吗？'那我一定会乐意的。"让孩子做家务，应用温和的语气、商量的口吻，不能以家长的权威压孩子，让她觉得做家务是一种负担。有一些聪明的家长，总可以在不知不觉之间，把孩子引导到爱做家务、做好家务的道路上来。桐桐的爸爸，在这方面有足够的经验。大约在孩子3岁的时候，桐桐的爸爸就开始利用孩子喜欢模仿的特点，让她模仿父母做家务，吩咐她做一些十分简单的事情，比如，拾起地上的玩具，把报纸拿给爸爸，给妈妈拿双拖鞋，把自己的垃圾丢到废纸篓中去等。孩子喜欢做有趣的事，爸爸就让她帮助摆餐桌，让她摆好筷子和色彩鲜艳的杯垫等。

桐桐的家住在一楼，她每天都会骑着小童车去50米外的垃圾场丢垃圾！每当这时，爸爸妈妈都忍不住会赞美孩子："宝宝真能干！可以帮妈妈干活了！"这句话让桐桐很受用，结果丢垃圾的活都由她包了，别人做她还不肯！大人做家务时，总爱放点音乐或者哼哼歌儿，这样就让孩子也觉得做家务是一件快活的事。

等桐桐10岁的时候，已经学会自己洗衣服，平时洗碗、择菜，更是不在话下，邻居们都羡慕他们家养了个能干的好女儿，连老师都反映说桐桐在班级里与同龄孩子相比，明显要聪明懂事得多。培养孩子做家务，越早开始效果越好。小孩子常常喜欢给爸爸妈妈做一些小事，得到表扬后显得异常兴奋，家长应加以鼓励，使孩子感到自己做得对，高兴地坚持下去，由无意识的模仿动作变成有意识的自觉行为。

如果你的宝贝女儿已经是在小学阶段，但是还没有培养起做家务的习惯，父母也不要着急，对已经有自己思想和主张的孩子，我们要注意"以理服人"。

有一个不错的办法是，家长每周一次贴出要干的家务劳动内容，让孩子自己安排完成的计划，而不是随时使唤孩子。同时，还要列出父母应做的事情，以便让孩子知道父母要做的远比孩子要做的多。对孩子所做的家务事，家长会表示真诚的感谢，这会令孩子更积极地成为做家务的好帮手。

有一点要注意的是，孩子做好一件家务事，应该给他一些言语上的奖励，当然也可以给他一些零用钱，但不能让他觉得这是做家务劳动的条件，否则，他可能会认为捡起自己的袜子，都应该收到报酬。

6—7岁：学习饭前摆放桌椅、碗筷，教育孩子自己穿衣服、洗手帕和袜子；

8—9岁：学习饭后收拾碗筷，洗餐具，洗小件衣物；

10—11岁：学习擦桌子、扫地、清洗自己的玩具；

11—12岁：学习做简单的饭菜，逐渐学会使用家用电器，比如燃气灶、电饭煲、微波炉、洗衣机、冰箱等。但是特别要注意安全，刚开始的时候最好由家长监护；

12—13岁：学习户外家务，比如浇花、擦拭玻璃、种植花草等；

14岁以上：可以承担所有家务，注意不能占用学习时间。可以安排购买生活用品、计划家庭开支等家务，女孩子可以学习针织技术、自己动手制作小物件、缝补等。

培养全面发展的孩子，要从培养动手能力开始

对于这一代在电子时代长大，四体不勤、五谷不分，以至于常有思想懒惰、精神萎靡通病的独生子女。儿童教育专家建议：培养全面发展的孩子，要从培养他们的动手能力开始。

如今一些拥有先进办学理念的中小学校，极为重视手工和实验科目的开展，让学生从小就养成了动手动脑的品质，因为"手巧"能使人"心灵"。

从生理学上分析，手和脑有着最直接、最紧密的神经联系，大脑是高级神经中枢，其中有很大一个区域是与手的活动相连的。这个区域比大脑中与整个内脏相连的区域还要大，仅一个手指在大脑中所"占据的地盘"，就超过一条大腿所能拥有的"面积"。脑科学已经证明，动手动脑，用丰富的信息刺激大脑神经元（神经细胞），神经元就个大、体重、细胞质成分齐全、神经纤维生长又多又密，能连接成无比庞大的神经信息网络。

不仅如此，劳作时刻改变着眼前的情景（有时候做好，有时候做坏），最易激发人脑另一区域主管的非智力功能，使其迅速调动并参与进来，如动机、情绪、兴趣、意志等，此时就显得异常兴奋和活跃。所以，人在做事时特别是进行有兴趣的实验、操作时，往往废寝忘食，时间似乎转瞬即逝。在良好的非智力功能的"鼓舞"和"保护"下，智力也在不知不觉之中就受到高强度的锻炼。

动手的好处这么多，可是有的孩子就是不愿意去"动"，这时家长们应该怎么办呢？强迫肯定是收不到好效果的，聪明的家长，可以通过一步步的诱导，让孩子自发地爱上手工。圣诞节之前，在英国的一个普通人家里，女主人让两个孩子到小客厅来，说有一个好主意要告诉孩子们。

孩子们进去后，大女儿一见妈妈立刻叫了起来："哦，妈妈，你有什么好主意？快说来听听吧。"

听到姐姐发话，弟弟也开始不安分地对着妈妈嚷嚷起来。看着孩子们兴奋的模样，女主人温柔地对孩子说道："哦！我的孩子们，快乐的圣诞节马上就要到了，你们想不想用我们的双手来创造更多的快乐呢？今天我们自己动手来制作一些圣诞礼物送给你们的爸爸、爷爷和其他人。你们觉得这个主意怎么样啊？"

"哦，妈妈，还是不要吧。前几天，我在一家商店里发现了一件非常漂亮的圣诞玩具，我非常喜欢它。如果我们自己动手制作，一定没有商店里卖的那么漂亮！"儿子第一个站出来反对妈妈自己动手的意见。"嗨，别打岔，我可想自己动手做一件有意义的礼物！你这家伙，是想偷懒还是觉得你口袋里的钱太多了？"姐姐马上反驳弟弟。听了姐姐的话，弟弟不再吱声了，可能他认为姐姐说的有道理吧。

女主人微笑着看两个孩子争论，等他们都不说话了，就把两个孩子拉到身边，围坐在一起。她温柔地对孩子们说："哦，尼雅说得对，街上商店里卖的礼物是很漂亮，也很吸引人。但是，如果我们亲手来做礼物，将会有不一样的感觉。如果不信，我们可以来试一试。""好吧，妈妈，那我就来做个圣诞玩具吧。"儿子点点头说。姐姐尼雅兴奋地说："妈妈，我要做一顶很大的红帽子，挂在我们家的窗户边！"

"好的，好的，你们的愿望一定可以实现的。"女主人笑着对孩子们说道。

然后，女主人带着孩子们搜寻来一大堆的东西，什么彩笔、棉花、废旧的布条、激光纸、小棍儿、胶水、针线等，都是一些废弃物，他们要进行一场变废为宝的活动！

两个孩子各自从中挑选了一些自己需要的材料，开始各司其职。一个拿刀裁剪红布，一个拿针线缝着布边。孩子们干活的架势，竟然有板有眼、像模像样！

一天的时间很快过去了，一件件蹩脚然而却装满孩子们无限爱心和美好愿望的圣诞礼物终于诞生了。

女主人仔细地观赏着每一件在别人眼中简陋不堪的作品，那神情却像鉴赏伊丽莎白二世王冠上的奇珍异宝一般惊喜。"太棒了，真不敢想象，你们小小的年纪，做出的礼物这么棒！你们的爸爸和爷爷，还有其他收到你们礼物的人，他们一定会很高兴！"

听了母亲的赞扬，两个孩子的脸上也洋溢着快乐的光芒，他们甚至想明天再多做一些送给其他的人。要培养孩子们动手的热情，首先，家长自己要对这件事情充满热心。否则，一项有趣的、有意义的操作，就变成了一种无可奈何的任务，孩子们怎么又能提起兴趣呢？

其实，我们的家长们要学习那位英国母亲的鼓动孩子的技巧也并不难，只要我们认识到动手对于孩子大脑发育，以及对于他们日后的适应能力与协调能力发展的重要意义，不把"动手"当成可做可不做的小事，鼓励孩子的热情就会自然产生。而父母的态度，也将会对孩子们产生强烈的感染力。

手工操作对于孩子们意义深远。其一，教育应该强调人的整体发展，即身、心的和谐发展，双手的劳动创造，即是塑造自己的组织器官，使人心灵手巧。其二，让孩子们通过手工劳动，了解人类社会发展的基本过程。其三，手工是艺术和生活的最高体现，是培养想象力、创造力和艺术素养的重要手段。

弱化女儿对父亲的依赖

亲情是一笔血肉相连的情感，是一笔超越时空的财富。这种爱，是情不自禁；这种关心，是无微不至。在你关爱孩子的同时，要让孩子学会在这种爱之下成长。爸爸妈妈要告诉女儿，要学会独立，因为谁也不能为你的人生负责，让女孩在学独立中坚强勇敢起来。

灵灵3岁了，自从她出生之后，妈妈对灵灵的生活照顾比对爸爸都多。

但这一年来，爸爸开始跟灵灵接近，灵灵也开始习惯了和爸爸在一起的感觉。爸爸给灵灵梳的小辫子可漂亮了，最重要的是爸爸每次都可以想出千奇百怪的花样和灵灵玩。每次爸爸抚摸灵灵的小脸蛋，灵灵都会满脸通红的幸福地看着爸爸。

爸爸一有空就带灵灵出去玩，出去的时候，灵灵想要买什么，爸爸就买给她什么。妈妈责怪爸爸说："你这样会把灵灵惯坏的。别人家的孩子也不是想要什么就给买什么的。"

每次妈妈这么说，灵灵都冲妈妈嚷嚷，总之在灵灵心里，爸爸是对自己最好的人。

恋父心理，这是现代女孩们很容易出现的情况。当女孩到了3岁左右，认识能力和独立性都有较大提高，这时的女孩变得会撒娇，愿意与爸爸接近，让爸爸抱；男孩则会发现爸爸的力量和游戏能力总能给自己带来愉快，于是也开始喜欢接近爸爸。

女孩对父亲的依赖，主要是感受到了浓浓的"父爱"。父亲是在儿童早期心理发展上起独特作用的角色，他是拆散母婴结合体的建设性分裂者，鼓励并支持了儿童的独立和自由，有利于女孩个性的发展。

一般来说，女孩与父母间的关系，理想的状况是男孩认同父亲，女孩认同母亲。当然，这并不是说父亲就不能与女儿亲近，他可以是儿子学习男子汉气质的楷模，也可以是女儿形成女性气质的导引者、支持者和认可者，对儿童性别角色的分化具有很大作用。

作为生活中的第二个重要人物，爸爸会对女孩产生巨大的吸引力，这与母亲所起到的效果截然不同。

1. 爸爸更富有身体活动和力量上的魅力，令人兴奋。而妈妈则长于言辞，给人以安慰。

2. 爸爸给孩子更多新奇、刺激和超出常规的东西，带给宝宝更多的激情。而妈妈的活动则常显得重复、单调而刻板。

3. 爸爸花在孩子身上的大部分时间是在玩乐上，妈妈则主要偏重生活上的照料。

所以，孩子更愿意与爸爸一起玩乐，追求新奇的探索，而当需要照顾、受到委屈时，则愿意找妈妈，以求得安慰。

4. 当宝宝的要求在妈妈那里得不到满足被压抑时，可以在爸爸面前表现出对妈妈的愤怒和恨而不被谴责和遗弃，既能表达丰富情感，又有安全感。

但事实上，如果家人对女孩子的恋父倾向引导不好，将不利于孩子的发展，她的一生都可能受到影响。所以，爸爸要及时告诉女儿，千万不要太依恋自己，毕竟谁也不可能陪她一辈子，这当然主要指的是爸爸和妈妈。也就是说，爸爸要从小告诉女儿，不能太依赖别人。

1. 爸爸要放开你的大手

大部分女孩非常依赖父亲，而大多数父亲也很高兴让女儿依赖。女儿从父亲那里得到安全感，父亲从女儿那里得到成就感。然而，明智的父亲都知道：女儿总有一天会长大，她必须依靠她自己，不能总是蜷缩在自己的羽翼之下。所以，父亲应该相信自己的女儿，相信她能够完成自己的事，在完成这些事的过程中，女儿才能让自己变得举止得体，才能知道自己怎样做得到别人的赞同。比如，父亲可以放手让女儿到邻居家借把螺丝刀、让女儿到超市买瓶酱油、吩咐女儿给自己的同事送本书，等等。女儿与外人的接触多了，自然而然也就熟悉了。所以，请放开你的大手，让女儿自己走出去，多一些与外界的联系吧。

2. 要让女儿知道父亲的爱

在孩子3岁之前，父亲应多亲吻、拥抱、抚摸孩子，让孩子时时体验到父爱的温暖。父亲不要吝啬你对孩子的爱抚和拥抱，尤其是对女儿更要经常给予表示喜爱、赞赏、鼓励的拥抱，这样才能让孩子的情感得到最大的满足。

3. 了解、分享女儿的感受

虽然女性的心理细腻，容易发觉女儿的心思，但是父亲不要为此就对女儿冷淡。尽管女儿尚小，还不能完全表达自己的感受和需要，但她能用姿态和声音表示自己的感受和要求，父亲应该像母亲一样细心体会孩子肢体语言和面部表情的变化，不时给孩子需要的支持，避免使孩子感到孤独无助。

4. 要适当多和孩子相处，也不能太冷落女儿

多与孩子相处，这是让孩子感受到父爱的最佳方式。父亲应当每周至少三次，每次至少拿出二三十分钟的时间来关注和参与孩子的活动，哪怕是给孩子讲个故事，陪孩子搭一会儿积木，或者帮孩子做顿饭，甚至在不能按时回家时，打个电话给家里，和孩子说上几句话。到了周末，父亲至少应该抽出一整天陪孩子，这样她才能充分感受到父爱。

放手给她单飞的机会

成长不是一步到位的，教育没有直线，生命是体验、感悟的过程。

现在的中小学生，比父母们上学那会儿要"厉害"很多：小小年纪，就会做网页、写博客，懂得许多专业知识，英语讲得很好……优越的学习条件、先进的教育手段，让他们更早接触也更方便掌握现代知识和应用技能。

然而，一旦脱离熟悉的环境和擅长的领域，面对真实的生活与社会，他们就容易手足无措。想想这几年充斥报端、网络的"女研究生被拐卖"、"大学生不知道番茄是长在树上还是长在地里"之类的报道，虽然都是个例，却也触目惊心。如果我们要追溯责任，恐怕得一口气追溯到中学、小学乃至于幼儿教育。

只从书本中汲取知识而缺乏体验，会让孩子们丢失了生活这个能提供最鲜活和最实用知识的自然源泉。家长们回想自己的成长经历，会发现很多有用的知识，其实就来自于生活。亲手划过火柴，就知道火很危险，不小心就会弄疼自己和别人；自己洗刷过体操鞋，就知道在鞋上盖层白纸再晒太阳能减少黄迹……所以，这一代人出远门时，父母并不是很担心，因为他们相信孩子能靠观察和体验解决生活中的各种小问题。所以那时候的大学并不用担心送学生家长潮，更不会有什么家长在学校旁边租房子陪读的事儿发生。

今天，我们的爸爸妈妈们因为各种"爱"的理由，使孩子失去了很多体验的经历和机会。家长们因为怕孩子弄脏衣服而不让孩子参加户外活动和游戏，因为怕弄脏地板而从不让孩子做洗碗、择菜等日常家务，因为怕孩子跌倒，游戏的时候受伤或感染细菌而阻止孩子栽花种草、挖虫子、踩水洼，更有的年轻的爸爸妈妈为了从小培养孩子的淑女气质，而拒绝一切会带来污渍的活动。

美国女孩肖恩要到山里去参加为期两天的野营。校方为他们介绍了营地情况，并为他们的准备工作提出了建议。妈妈问肖恩是否需要帮忙，她骄傲地说"我会照顾自己。"在走以前，妈妈检查了她的行李，发现她没有带足够的衣服，因为山里要比平原上冷得多，显然肖恩忽略了这一点。再有一点，妈妈发现孩子没有带手电筒，这是野营时经常要带着的东西，但是妈妈并没有说更多的话。肖恩高高兴兴地走了。过了两天，等她回来的时候，妈妈问肖恩："怎么样，这次玩得很开心吗？"肖恩说："我的衣服带得太少了，而且由于我没有带手电筒，每天晚上都要向别人借手电筒，才能够走出去，这两件事搞得我有些狼狈。"妈妈说："为什么衣服带少了呢？""我以为那里的天气会与这里的一样，所以只带了这里平常穿的衣服，没有想到山里会比这边冷，下次再去，我就知道该如何做了。""如果下次你再去佛罗里达，也带同样的衣服吗？""不会的，佛罗里达很热。""是的，你应该先了解一下当地的天气情况，再做决定，对吗？""是的。""那些手电筒是怎么回事呢？你就没有想到它吗？""我想到要带手电筒，老师也告诉我们要带手电筒，可是我忙来忙去，却把手电筒忘掉了，我想，我下次野营时应该先列一张单子，就像爸爸出差前列单子一样，这样就不会忘掉东西了。"

妈妈虽然知道肖恩带少了衣服，而且忘记了带手电筒，这样会影响她的这次出游，但她并没有说出来，更没有为孩子添上这些东西。她给了肖恩一个体验的机会。经过此次野营，肖恩学到了不少知识，增长了不少社会经验。我们常说，孩子离开父母的那一天，就是孩子走向成熟的开始。但是，一方面，家长们毫不吝惜地将自己的羽翼充当着孩子的保护伞；另一方面，又常常抱怨孩子对自己过于依赖，责备孩子不懂事、不体谅大人、不能独立处事……可是家长们又给了孩子们多少机会，让他们走出自己的保护伞去独立面世呢？在孩子成长的过程中，家长们一定要创造机会让孩子尽可能多地体验不一样的生活和经历，因为很多事情在没有去做之前的想法，与真的去做过了之后的结果会完全不同，关键的是孩子在经历过程中的行为表现及处事应对，更是家长所不可设计和不能替代的，往往经历与体验的价值也就蕴藏在其中。

教育就是授人独立自尊之道，并开拓躬行实践之法。可是，在现实生活中，我们的不少家长"心太软"，对孩子的一切均要大包大揽，进行"一条龙"、"全方位"、"系列化"服务，孩子们成了"抱大的一代"，见不了世面，经不了风雨。孩子不可能总躲在我们的翅膀底下，应该放手给她单飞的机会，哪怕她会摔跤，哪怕摔跤会给我们带来一些麻烦，这是成长路上必需的代价。我们应该信任孩子，鼓励孩子，协助孩子而不是代替她完成目标。

教给女儿适者生存的道理

每个女孩的出生，父母总希望自己的女儿像公主一样活着，然而生活并不是那么美好，父母并不可能一辈子做女儿的靠山，女儿自然也成不了一辈子的公主，所以父母要学会暗示生活在蜜罐里的孩子，让孩子明白优胜劣汰的自然规则，学会自主，要有生活斗志。毕竟女孩靠爸爸妈妈能成为公主，而靠自己日后却能成为女王。

"我要给女儿最好的！"这一定是所有父母的心愿。所以，当孩子想要一个芭比娃娃时，爸爸妈妈总会给她最大最贵的；当女儿想要一个飞机模型时，一定给她买个既能飞又能跑的。总之，爸爸妈妈认为，只有给孩子最好的环境，她才能收获快乐。可是，事实上是这样吗？

心理专家说，孩子正处于成长期，不光是他的身体在一天天长大，他的性格也在一天天成长和完善。而他的生活环境对性格成长的影响很大，如果他总是生活在一个舒适的环境中，久而久之，他的斗志会在不知不觉中被扼杀。

所以在适当的时候，别忘了给女儿换换环境，暗示她不是所有的要求都可以满足，有些事情是要自己争取的。只有这样，才能培养她自主的能力，养成她的斗志。

9 女孩子，从小就要会生活

有个小女孩特别争强好胜，无论做什么事都想赢。妈妈发现了女儿的这个毛病，觉得不能任她这么发展下去了，于是想了一个办法。有一天，母女俩一起玩一种棋类游戏，以前母亲总是让着她，这次却一点都不让，接连赢了她好几局。

她气坏了，"常胜冠军"成了"常败冠军"，这可是从来没有过的事。一生气，她把棋盘都摔到地上了。妈妈很严肃地对女儿说："刚才明明是我赢了，你为什么不能接受呢？为什么只能你赢，别人却不可以呢？"

她自知理亏，于是低下了头，母亲接着对她说："孩子，以后你就会明白，生活不会让你一帆风顺，就像下棋一样，总会有赢有输。输了也没什么了不起，就看你怎么面对！"

母亲这番话对小女孩产生了很大的影响。成年后，正当她事业青云直上的时候，不幸得了一场大病，双腿不能走路了。面对突如其来的厄运，母亲曾经说过的话让她找到了战胜困难的勇气。为了康复，她为此奋斗了10年，甚至很长一段时间，她不惜每天和刚刚学步的儿子一起爬楼梯。

最终，她战胜了病魔，并积极参加社会活动，成为了一名非常优秀的社交家。

这个故事，对我们教育女儿是很有启发意义的。父母要懂得给女儿提供一个略显"冷酷"的环境，让她自己明白适者生存的道理。在这种暗示下，女儿就会懂得没有人帮助自己、让着自己，做任何事情就只能靠自己去争取、去努力。

人的一生就是在不断地解决着各种各样的难题，在这个过程中，快乐与痛苦总是结伴而行，顺境和困境总是并肩齐步。孩子来到这个世界上，他们的人生路还很长，所以，父母一定要让孩子懂得生活不会"有求必应",要让孩子能把人生看成对自然和社会的一种体验,把快乐和痛苦都看成是生活中的一种感受,想到即使痛苦,其实也是在感受生活,那无论碰上什么困难,孩子便都能从容不迫、游刃有余了。

为此,父母要让女儿从小就懂得,生活并不是"有求必应"的,在某些时候甚至是不公平的,只有懂得适者生存的道理才能在社会中立足。不要等到挫折来临时才告诉女儿该怎样去面对,因为在强烈的落差面前,女儿往往很难快速适应和调整。如果我们能够早一点告诉孩子生活中的种种不顺心,那么即使面对挫折,女儿的心理震荡相对来说也会小很多,而且能够更快、更平缓地度过心理调试期。

1. 要提前告诉女儿生活中的不顺心

没有任何人能够预料以后的生活的,因为未来并不是我们能设计好的。要让女儿明白生活并不总是顺着自己的意愿,关键在于让她懂得当生活"有求不应"时,应该保持怎样的态度。

2. 让女儿懂得有付出才有收获

在"要什么给什么"的环境下长大的孩子,会觉得一切来得都很容易,不愿意去付出自己的努力,甚至容易产生不劳而获的心理。她会觉得社会是美好的,竞争也不存在,到了社会上就会感觉处处碰壁,经不住打击。因此,不妨在生活中制造一些"小障碍",让孩子懂得"有付出才有收获"的道理。

10 引导价值取向，让女孩远离诱惑

价值观能够反映人的行为和心理倾向。它具有定力作用，决定着孩子将来成为一个什么样的人，走什么样的路；价值观的树立将会推动孩子的长远发展；它还可以提升孩子的人格层次。价值观还决定孩子和外部之间的关系，决定了孩子长大成人之后，跟他人、跟社会、跟自然，到底是一种怎样的关系。

为女儿树立正确的自我价值观念

一个小笑话说：一位身穿皮草衣服的妇女，推着坐在轮椅中的孩子招摇过市。"孩子都这么大了，还不会走吗？"行人关切地问道。"当然会了，"这位妈妈神气活现地说道："但真的感谢上帝，我这个幸福的孩子不必自己走路。"

这则小笑话让人更多地感到悲哀而非好笑，给那些认为自己应该给孩子提供一种"无忧无虑"的生活的家长们传递了一种批评信息。那些家长们时常会为自己娇惯孩子的做法辩解说："我们只是想让孩子生活得幸福些。""孩子现在年龄还小，不能让他吃苦。"家长们应该知道，为孩子们做得太多，而不让孩子们懂得劳动的意义与金钱的价值，实际上对孩子的成长非常有害。

现在的孩子不懂得珍惜金钱的不在少数，出现这种状况，是社会影响的结果，也是家长溺爱的结果。我们很难想象，这样的孩子以后能否经得起人生道路上的风风雨雨，能否很好地应对现代社会的各种挑战做一个对社会有益的人。这也进一步说明，现在的孩子多么需要塑造一个健康的金钱观。

可以说我们大多数家庭现在刚刚过了温饱关，但是有些地方有的家长正滋长着一股摆阔风,特别是宠着孩子,让孩子也摆阔。孩子的摆阔行为体现在各个方面,尤其是在大手大脚花钱和浪费上。如果孩子一旦养成了摆阔的习惯,那么这将影响他的一生和他真诚待人的性格。

近年来,有关部门曾对北京、上海、广州、成都和西安5大城市的儿童消费做过调查,这5个大城市每年购买进口儿童消费品约达100亿元人民币。武汉有所大学统计,即使消费偏低的农村籍学生中,也有的学生每月用于烟酒的开支占伙食费的25%。还有这样的报道:有一群赴日观光的中国孩子上街出手阔绰的消费让商场的日本人瞠目结舌。这种情况让人忧虑,更发人深省,这和我国父母的教育方式是密不可分的。

可能有的父母会说:"家里都是一个孩子,谁不希望自己的孩子过得好一点,多带一点零花钱也是自然现象。"这话有一定道理,如果孩子身上一点零花钱都没有,如果在外边真遇到需要花一点钱的时候,的确让孩子很为难。但是,假如父母只知道给孩子钱,而不去引导孩子的金钱观,不去引导孩子如何花钱,那问题就出来了。特别是那些攥着比别的同学多的零花钱的孩子,难免产生摆阔、攀比的心理。

以前江苏省多名富家子女参加一个名叫"暑期赴加拿大学习旅行夏令营"的活动,在加拿大旅行活动近20天,有人赠送学生冰淇淋吃,竟没有一个人愿意帮助把冰淇淋搬上车。当时先后乘坐8天的巴士车,也无一人愿意打扫卫生。每天每人费用近1500元,竟然还有家长投诉:"夏令营吃得很糟,"以至一名孩子在食品店让自己花掉1700美元。

这些触目惊心的数字是不是该让一些做父母的有所警醒呢？这样的孩子如果长大了，将怎样养成吃苦耐劳的精神和拼搏进取的意志呢？又如何应对将来社会激烈复杂的竞争呢？如果一直让孩子奢侈成性，而当他们的欲望得不到满足时，他们又会怎样呢？近年来，青少年的犯罪比例直线上升，究其背后的原因就是为了摆阔，在同龄人面前抬起头来，而忘记了用自己的真诚来交友和待人。

而且，女孩摆不好正确的价值观，很大程度上是父母的教育不妥。有些孩子老爱在金钱方面吹嘘，也就是说大话、夸口。而她们的父母觉得孩子的吹牛好玩，甚至说是有抱负，志向远大；还有的认为孩子从小爱吹牛，无须大惊小怪。偶尔一两次吹牛，的确不必在意，倘若形成了爱吹牛的习惯，那么就不能等闲视之了。吹嘘其实是孩子虚荣心最典型的表现形式，如果任其发展下去，很可能影响孩子正直和真诚的性格的培养。

所以，父母应当明白让孩子明白金钱的重要性，更要塑造孩子健康的金钱观，了解金钱的严肃性，树立正确的金钱价值观。

孩子们需要亲身实践，方可懂得怎样才能挣到钱，以及如何精明地花钱。如果你不让孩子懂得这些道理，那么你实际上就等于剥夺了他们在人生道路上取得成功所需要的自立能力。如果你能够让孩子及早树立正确的价值观及劳动观，你无疑是送给了孩子一件珍贵礼物：一把自给自足的金钥匙。

要想让女儿摆正态度，树立正确的价值观，父母首先就应该让她认识到最直观的价值——钱，所蕴含的真正价值。

1. 让女儿了解钱的实际价值

在现实生活中，有许多孩子不懂得挣钱的艰辛，没有钱的价值的概念。在她们的认识上，往往只知道用钱买自己所需要的东西，而这个数额的钱在社会生活的其他方面还可以派多大的用场则全然不知。所以以自我为中心考虑问题，花钱大手大脚不可避免。因此，爸爸妈妈应该让女儿了解一下钱的实际价值。

2. 教孩子"人穷志不穷"

贫穷并不可怕，可怕的是缺乏意志力，所以爸爸妈妈可以给女儿讲一些名人小时候家里贫穷，通过自己的努力和真诚取得最后成功的小故事，让女儿效仿他们的精神，不要总是贪图富贵，以追求金钱的价值为自我价值。

3. 父母可以有意识地给孩子创造一些情境

爸爸妈妈可以带女儿一起到市场去买菜，让她知道买一块冰淇淋的钱能够买多少菜；鼓励她参加公益活动，比如省下买一个名牌书包的300元钱可以资助一个贫困家庭的孩子重返校园；还可以让大一些的孩子利用假期参加勤工俭学，比如卖报纸等，亲身体验钱来之不易……时常创造一些这样的情境，或许不需要家长讲太多的大道理，而使孩子懂得珍惜，逐渐改掉乱花钱的毛病。

引导女儿走向追求美的正确道路

孩子从出生开始,就和家人生活在一起。家人的言谈话语、穿戴举止,甚至所哼的《摇篮曲》、《催眠曲》等,都在影响着孩子;家中物品的摆设,也无时无刻不给孩子以影响。而这些影响都在无声无息、潜移默化地把审美观灌输到孩子心中。正确的审美观让可爱的女儿成为有品位的淑女。

爱美之心,人皆有之。但要使一个人真正地懂得美和丑并能进行美的创造,却又离不开系统的审美教育。父母对女孩进行审美教育尤其重要。这是因为,她们正处于长身体、求知识的基础阶段。美育得好坏优劣也将会同智育和德育、体育一样,影响着女孩的未来发展。作为个体的人,有内在的方面和外在的方面。智力才能、伦理道德、感情心理是内在的方面,而身体形态结构则属于外在的方面。外在方面与体育相应;而内在的三个方面又分别表现为:知、意、情。

正确的审美观可以帮助女孩走向追求美的正确的道路,不过,只有父母的正确引导才能让女孩达到目的。

1. 给女儿正确的审美引导

一个人审美能力的高低很能体现一个人的气质高低。气质高雅的人，审美能力也会很高，她知道自己穿什么衣服得体，戴什么首饰彰显个性；而气质偏低的人，往往不知道穿什么好，也不知道自己这身衣服搭配什么首饰。

在女儿追求美的过程中，她最初可能会模仿一些成年女性，笨拙地学着化妆、穿她认为流行时尚的衣服，可能会因为盲目追求美而导致出现一些低级的错误，父母千万不可讽刺和打击。父母的讽刺和打击不仅会降低女儿的自信，导致女儿心理自卑，还会抹杀她对美的追求，阻碍她审美观的形成。所以，当女儿产生错误的审美观时，父母要给她正确的引导。

2. 在女儿的日常生活中帮助他辨别美丑

美的事物是具体的、形象的、生动的，可以被人感知的。孩子的日常活动总要同自然、社会和各种艺术形式打交道。金色的太阳、银色的月光、闪闪的星星、繁茂的森林、碧绿的青山、奔腾的河流；儿童、少年、小伙伴的感人事迹，解放军叔叔保家卫国的战斗场面；影视戏剧中威武雄壮的画面，先辈们可歌可泣的壮举。所有这些事物，都会感染、教育着孩子们，激励、撞击着她们的幼小心灵。

3. 要学会转移女儿不正确的审美观

在女孩成长和追求美丽的道路上，父母应该做好这个领航者，应该转移女孩不正确的审美视线。审美品位的高低，最能反映人的气质。爸爸妈妈要通过自然与打扮、古代与现代的对比，来告诉女儿美丑标准。突出青春的自然美——真实、自然是美的灵魂，从古至今人们都在追求"清水出芙蓉，天然去雕饰"的自然之美。家长应该告诉女孩，美的魅力贵在整体美。整体美既要容貌气质、衣着打扮达到均衡和谐统一,又要外在美和心灵美的合二为一。

让孩子适当了解世界的灰色面

社会上光明的一面和灰色的一面,孩子迟早都要亲身体会,让他们早些了解社会的一些"灰色面",可以起到免疫的作用。

每个小女孩,都是父母心中的天使,望着她们稚嫩的面孔,我们愿意用全部的心思来爱她们,为她们遮挡世间的一切风雨。于是,凡是社会上那些肮脏的、丑恶的、痛苦的东西,我们都不希望孩子见到,总怕污染了她们那纯洁无瑕的心灵。

然而,这种讳疾忌医的做法,究竟可以维持多久呢?一个一向把世界当成一个五彩缤纷的大花园的女孩,一旦遭遇到困苦,对她的打击岂不是更深?

作为孩子的父母师长,作为她们成长的引路人,我们有必要向孩子展示一个真实的、立体的社会。德国柏林,一所普通的小学正在对孩子们进行社会教育。

讲台前,殡仪馆的叔叔阿姨们正在讲述人死时会发生的事情。讲完后,孩子们轮流扮演角色,模拟诸如父母因车祸身亡时该如何应对。学校的目的,是通过这样的课程让孩子们体验突然成为孤儿的感觉，这有助于他们体验遭遇不幸时的复杂心情，以及怎样控制自己的情绪。

同一时间，德国汉堡青少年法庭现场，法官正在审讯一名持刀杀人的少年犯。观众席上鸦雀无声，来自汉堡亨利希中学初二（8）班的20多名学生正在专注地聆听着……

20世纪90年代以后，德国推出了"基础教育课程改革纲要"，使教材内容适应社会的发展。他们的教育专家认为：以前的教育内容属于阳光式教育，而现在的教育结合社会现实，如阴暗面教育，是一种面向社会的开放型教育。否则，如果为了保持学生心灵的"纯洁"，总是回避甚至不让学生了解社会的丑恶现象，这样，学生长期与社会隔离，对社会缺乏全面深入的了解，一旦接触社会，看到某些阴暗面后，就会感到怅然若失，无所适从。

为了配合教材，学生们还要参与社会实践，了解社会，以此为参照来调整、充实自己。比如以"专题研究课"形式了解社会。学生们自愿组成几个小组，讨论出研究主题，然后到社会上去调查，最后写出研究报告。例行的"周三社会日"，学校老师会组织学生参观监狱、禁毒展览、反艾滋病展览等。让学生把从社会实践、社会调查中发现的社会热点、疑点等现实问题带回课堂上，通过演讲、辩论、扮演反面人物等，解开学生心中的疑惑，进行"免疫"教育。

"我们无法永远保护孩子，但是我们可以教给他们怎样认识生活和社会、保护自己。"一位德国的中学校长如此说道。有些家长担心孩子了解了社会的某些"灰暗"以后，会对他们的思想形成负面影响，增加其心理负担。其实孩子们的承受力，并不像我们想象得那么脆弱，他们看问题的角度，也不完全和我们一样。

青青的爸爸发现，女儿越来越娇气了，一块橡皮找不到了，也要流眼泪。于是，在一次带女儿去公园游玩的时候，他有意识地给了女儿1元钱，让她去送给一个沿街乞讨的人。那是一个将近70岁的老人，穿得破破烂烂，胳膊上的伤口还往外渗着血水。往常，青青见了这些人，都是躲得远远的，今天首次近距离接触，给她带来很深的震撼。

回到家里，爸爸告诉她，在这个世界上，还有很多人没有饭吃、没有房子住，他们只能以乞讨为生，四处流浪，即使有了伤病，也要那么忍下去。青青听了，当时没有作声。第二天，她对爸爸说："爸爸，那些乞讨的人好可怜呀，我觉得自己好幸福。"

通过爸爸有意识地进行培养，青青的性格不再那么敏感，不再深陷于自己的小世界里了，变得比以前懂事多了。

我们不必担心社会上的"阴暗面"会使孩子的心情灰暗，我们要实事求是地告诉他们，这个世界上，好人和幸福的人占绝大多数，可是也有坏人和不幸的人。然后，再让他们自己去分辨、去体会。

社会上光明的一面和阴暗的一面，孩子迟早都要亲身体会，让他们早些了解一下社会的一些"灰色面"，可以起到免疫的作用。家长可以多与孩子讨论电视报刊上的热点新闻，告诉孩子一个真实的社会，无论是正面或者是负面的社会新闻，都可以让孩子知道，并教育孩子要区别对待，这样，孩子进入青春期出现的失落和反叛就不会那么大。孩子始终要接触社会，我们都希望孩子将来的路越走越宽，融入社会的孩子，将来一定会变得更坚强，有更好的适应能力。

家长对孩子不应该隐瞒生活中的"灰色面"，要根据其年龄和成熟程度慢慢地向她解释。无论事情如何严重，父母都应该主动将真相告诉孩子。否则，她会通过同学或朋友得到某些信息，而道听途说的东西往往不是那么真实可信，会令孩子感到迷茫。

莫让孩子的消费观陷入误区

随着生活水平的不断提高，越来越多的人开始重视穿着打扮，这是经济发展的必然结果，也是社会文明进步的体现。然而，作为青少年，如果女孩过于讲究穿着、打扮，一味地追求高档、名牌效应，则不是一件好事。

其实，哪个做父母的会不疼爱自己的子女、不想让自己的子女打扮得比别人漂亮、时髦呢？一些家长本身也不愿落后于别人，孩子想要什么都尽量地满足，自然会给青少年的攀比心理提供良好的经济基础。家长的这份溺爱，助长了青少年的攀比心。人人都希望自己的子女能茁壮成长、超凡脱俗,把自己的子女当作掌上明珠,儿女要什么就给什么,甚至以自己子女与别人相比来显示自己有身份、有地位。过分地溺爱与迁就、娇生惯养,会让青少年滋生攀比心理,产生依赖。孩子的消费观念和消费行为都会走进误区,非常不利于他们的成长,长期发展下去将容易导致违法犯罪行为。

一旦有了攀比心理,孩子的价值观就偏离了正确的轨道。她们所追求的,都是物质上的享受,还有虚荣心的满足。因年龄尚小,认知能力差,很多女孩子不能分辨是与非,不能明晰美与丑,只知道同伴有的自己不能没有,而且还要比别人的好。她们不知道这是一种攀比心理,还津津乐道自己追求的是时尚与完美,女孩子的攀比心理是一种片面而又狭隘的心理现象,当这种心理需求无法满足时,便有一种挫败感、失落感,自卑也就随之而来,给她们的学习、生活和身心发展带来负面影响。

在经济腾飞、物欲横流的当今社会,追求名牌成了众多人的时尚:车子是名牌的,服饰是名牌的……吃要上档次,玩要上层次……大人们如此,孩子难免不受影响,于是在他们的心里便诱发了攀比心理因素。做家长的如果不采取应对策略,只会让孩子越陷越深,既给家庭带来阴影,又会扭曲孩子的心灵,造成不可估量的经济负担与精神损失。

在社会、家人、学校的影响下,许多女孩子已经使自己的价值观偏离了正确的轨道,只追求享受、攀比,整天浑浑噩噩地过日子。这样的女孩子,一定不是家长想要看到的样子。所以,一旦发现自己女儿的价值观存在问题,父母一定要采取多渠道的应对策略，让孩子正视人生，重走光明大道。

家长一定要注意，当发现女儿价值观出错后，千万不要大声骂她、凶她，而是要采用一些比较温和有效的方法来引导她。

1. 要学着做女儿的榜样

俗话说，近朱者赤，近墨者黑。家庭环境对孩子的影响尤为重要，父母的行为，就是女儿的参照。如果父母的价值观都存在问题的话，那么她还怎么摆正观念为女儿说正途呢？

2. 应教育孩子集中精力搞好学习

父母要通过教育，使女儿明白自己是一名学生，而学生的主要任务是学习，应把主要精力放在学习上。引导她在学习、劳动、品德方面与同学展开竞赛，而不是在穿着上盲目攀比。即使家庭条件允许买名牌衣服，也要讲究穿着的环境，上学时以穿校服和其他朴素大方的服饰最为适宜，这样就不会让女儿在穿着上产生优越感，而能与其他同学平等相处。

3. 减轻孩子的心理负担

许多家长对孩子从小就提出高要求，致使孩子一直认为，我要做乖孩子就要按父母的要求去做，他们的高要求是对我爱的表现。于是，孩子在这种高要求的驱动下，凡事追求完美，她们总是无法接受缺点和不足，在生活和学习中争强好胜，不懂得缺憾也是生活的常态。在这种环境下成长的孩子心理素质差，一旦受到挫败，便痛苦不堪，有的从此一蹶不振，甚至走上绝路。作为家长，应根据孩子的实际情况提出合理要求。但孩子出现上述现象时应因势利导，动之以情，晓之以理，告诉孩子人不可能是十全十美的，国家的法律在实施过程中都会出现纰漏，何况是人呢？

从而减轻孩子的心理负担，激发孩子的斗志，让孩子从失败的阴影中走出来。

4. 适时给予鼓励

当女儿正处于心理问题的多发期时，特别需要父母的灌溉培育。因此，爸爸妈妈要用正确的教育方法并适时给予鼓励，抓住女儿的心理，鼓励其向上，建立一个良好的价值观，不要使其偏离了正确的轨道。

警示她别去接天上掉下的馅饼

从人格上来说，爱占小便宜对孩子来说无疑是不健康的因素。孩子正处于思想品德的形成时期，对于孩子爱占小便宜的行为，父母不能视而不见，而要采取积极的措施予以纠正。

小女孩，之所以会相信天上掉馅饼，就是因为内心里有爱占便宜、不劳而获的思想。俗话说，贪小便宜吃大亏。这句话是无数的血泪教训总结出来的，同时现实的无数案例又证实了这句话的真理。

现在社会上有那么多的人被骗钱财、感情，等等，归根结底都是上了贪便宜的当。无数的中大奖案例、无数电话诈骗案例、无数路上拾到钱包的案例，等等，受害人之所以被骗，除了自身的防护意识不足之外，最重要的无一不是因贪图便宜而致。骗子的手法五花八门，而且现在通过高科技引导你受骗更是很难识破。俗话说，南京到北京，买的没有卖的精。天上没有掉馅饼的好事，即便有，你又何德何能就是那个上帝唯一眷顾的人呢？所以，无论什么情况下，只要你没有贪念，至少不会吃因贪念而引起的大亏。

爸爸妈妈们，要让女儿明白：她们想要拥有的，只要她们尽全力地朝着那个方向去努力，结果一定不会让她们失望的。不需要别人的施舍，无论知识、能力、钱财、感情，坚持了，该有的一定会有，不属于她们的，想尽各种办法得到了终还是会失去。在当今的社会，有的女孩思想道德的沦丧，更主要的是她们贪图享乐、不求上进、不想通过自身努力获得，最终会使名誉、情感遭受大的损失，甚至也许她们的晚年会很凄苦，这样的大亏，她们只有到了最后才会明白。

郑璐5岁的时候，有一次她在外面捡到了10元钱，就回家把钱交给了爸爸。爸爸摸着孩子的头夸奖了她，还拿着这10元钱去给她买了好吃的。郑璐尝到甜头后，就经常往家里带东西，她爸爸也从来没有批评过她。

上小学后，孩子还是爱占小便宜，捡到东西从来不上交给老师，总是据为己有。有时还偷拿别人的东西，爸爸也一直没有制止孩子的行为。上初中后，孩子爱占小便宜的习惯还是没有改变。

慢慢地，郑璐的这个坏习惯愈演愈烈，以致后来她因为偷了同学的钱被学校通报。回家后，她对爸爸说："爸爸，我恨你，要是我第一次捡到东西时你没有夸奖我，我今天就不会这样了。"爸爸哑口无言。

郑璐爸爸爱占小便宜的心理，助长了女儿喜欢捡"天上掉下来的馅饼"的行为，最终酿成了恶果。

爱占小便宜，就是私自把别人的东西据为己有或偷拿别人的东西，明知这样做不对却也没有归还给别人。爱占小便宜对女孩来说是一种不良的习惯，是女孩犯大错的开始，所以必须引起父母的重视。要正确引导，帮助女孩改掉爱占小便宜的坏习惯。

女孩的可塑性很强，爸爸妈妈要给女儿讲清楚什么是占小便宜和占小便宜的害处？告诉女儿占小便宜是可耻的行为，在女儿心目中树立正确的价值观，帮助女儿克服爱占小便宜的毛病。

占小便宜表面上看是自己多占有了一些东西，但实际上却是失去了诚信这个优良品质，得不偿失。爱占小便宜的女孩有时为了得到一些小便宜要挖空心思地弄虚作假，这是缺乏诚信的表现。女孩如果养成了爱占小便宜的坏习惯，就会在小便宜面前禁不住诱惑，也就更容易从占小便宜发展为占大便宜，甚至走上犯罪的道路。

对于女儿爱占小便宜的行为，爸爸妈妈不能视而不见，任其发展，而应该采取积极措施改变女儿的这种坏习惯。

爱占小便宜对女儿的成长有很大的阻碍作用，爸爸妈妈要让女儿意识到，爱占小便宜是犯大错误的开始，要尽早督促女儿改掉爱占小便宜的坏习惯。

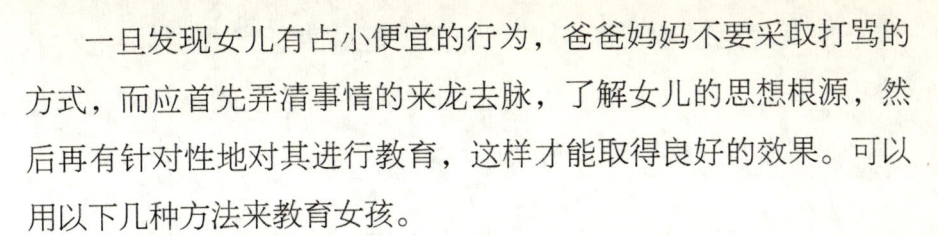

一旦发现女儿有占小便宜的行为，爸爸妈妈不要采取打骂的方式，而应首先弄清事情的来龙去脉，了解女儿的思想根源，然后再有针对性地对其进行教育，这样才能取得良好的效果。可以用以下几种方法来教育女孩。

1. 要警示女儿，天下没有免费的午餐

父母要让女儿认识到——以后走入社会这个大舞台，一定要谨慎、谨慎再谨慎，是你的谁也抢不走，不是你的，抢也抢不来，不要幻想着你是上帝眷顾的那个幸运的人，凭自己的真才实学和能力争取到的，才是真正属于你的！

2. 在生活中做好孩子的表率

养不教，父之过。不少孩子沾染上爱占小便宜的坏习惯与父母在生活中的言行有很大关系。孩子出现问题，根源往往在父母身上。爱占小便宜的父母常常把占小便宜看作很光荣的事情，家长的这种行为和情绪会潜移默化地传达给孩子错误的信息，让孩子误以为占小便宜是很快乐的事情。孩子的辨别能力差，不能正确区分好习惯和坏习惯，因此父母应时时刻刻注意自己在孩子面前的言谈举止，处处做好孩子的表率。

3. 帮助孩子认识到占小便宜的危害

发现女儿爱占小便宜后，爸爸妈妈要对女儿进行说服教育，而不能态度粗暴，那样容易激起孩子的逆反心理。爸爸妈妈要循循善诱，因势利导，让女儿明白爱占小便宜的危害，进而自觉地抛弃爱占小便宜的行为。

4. 对孩子实行必要的"惩罚教育"

孩子的自制能力较差，难以抵制物质的诱惑，父母要多关心孩子，发现问题要及时纠正，千万不能姑息迁就或者变相支持。当孩子有爱占小便宜的行为，并且认识不到自己的错误时，父母要对孩子实行"惩罚教育"。

让女儿明白，什么样的女孩儿活得最有价值

国人的"从众"心态在家长们的"望子成龙"方面表现得尤为突出，"一夜成名"的梦想和诱惑总是让许多家长和花季少年跃跃欲试。而正是由于"乱花迷人眼"的迷雾遮挡了家长们的眼睛，许多大人强迫自己的孩子去参加选秀类活动，想要一夜成名。而社会上各式各样的宣传也往往侧重于报道少数童星成名的成长历程，却很少将镜头对准金字塔底部的那些更多的未成功、陷入窘境的家庭。这种趋向性的宣传往往起到了误导的负面作用。而其中众多的街谈巷议更是推波助澜，来势汹汹。

当然，这并不是说，所有的选秀都是对女孩成长不利的。但在女孩决定参加这些活动前，我们一定要让她们懂得，什么样的生活才是最有价值的。

1. 要给女儿把好道路关

孩子不切实际地做着明星梦，导致荒废学业，甚至误入歧途的例子不在少数。演员陈小艺曾对许多正做着明星梦的学生提出

劝告：如果你没有艺术这方面的天分，趁早不要打这个主意，毕竟艺术这条道路不是每个人都能走的。作为家长，应该给孩子指明正确的人生道路，而不是任由孩子在错误的道路上继续走下去，影响了学业和前途。

2. 父母要反思自己

对于日益高涨的青少年"选秀热"，专家称，这样的节目多缺乏导向性，极不理智地助长了家长们的"望子成星"梦。在家长的引导下，渴望成名的孩子越来越像成年人，这无疑不利于孩子一生的发展。那些仍在编织着明星梦的家庭是不是该反思，自己究竟该给孩子些什么？

3. 让女儿有远大的理想和崇高的精神追求

一个没有远大理想和崇高精神追求的人，会变得日益功利和短视，她的目光会越来越短浅，视野会越来越狭窄，精神世界越来越荒芜。一个没有远大理想和崇高精神追求的人，终日为世俗所劳累，为琐事所羁绊，她会被眼前的困难所吓倒，亦会被一时的胜利冲昏头脑。看待事物的态度自然也就少了几分冷静、客观和理智，生活便会失去应有的宁静与从容。远大的理想抱负、崇高的精神追求，可以帮助我们从更远的历史视角、更广的社会视野观察和分析眼前的事物。减少盲目、摒除急躁，不但听从于客观规律的指引，也听从于内心灵魂的召唤。把有限的时间和生命，真正用在有意义、有价值的事情上来。

4. 培养女儿多种兴趣爱好

孩子过分追星，有可能是因为没有其他的事情好做。因此，父母可以帮助孩子把注意力从偶像身上转移到其他活动中，比如运动、书画、音乐等。日本著名心理学家森田正马指出，大多数心理疾病的原因都是"精神交互作用"：对某些片面信息注意越多，越容易把它看得很重，如此形成恶性循环，最终导致心理障碍。当从许多活动中都能得到乐趣时，就不容易执着于某一种乐趣。而且当某种活动受到挫折的时候，还能从别的途径获得乐趣，从而保证心理状态不失去平衡。这样一来，她的人生观也会端正许多。

防止女孩的攀比之心

家长在面对孩子的攀比时，要正确引导，把握其程度，适时地给予鼓励，保护童心。但也不要过分溺爱，对孩子百依百顺，防止出现攀比惯性。

在现在的孩子们中间，攀比之风日重，家长们的忧虑也日渐增多。一位女孩的家长说：

女儿得知她的好朋友王彤想练习英语听力，就一门心思想送个MP3给她做生日礼物，理由是上次自己过生日，收了人家一支价格不菲的钢笔，如果不送一个好一点的MP3会很没有面子。我平时也教育孩子对待朋友要真诚，要懂得付出，但小小年纪的她送礼就这么贵重，攀比之心如此严重，我真的很发愁。

家长的担心是很有必要的。如果一个孩子攀比之心严重，那么随着年龄的增长，他们攀比的方式就会逐步升级，最终令父母难以承受。

在现在的中小学生之间，比谁穿的衣服鞋子牌子硬，谁用的手机、MP3等最时尚、功能最多；比谁的生日过得更气派，谁家的车好，谁的老爸老妈官大，种种风气，愈演愈烈。

一般来说，女孩子不像男孩那么爱"装酷"，爱"显摆"，一心要和哪个同学较劲儿的现象倒很少发生。但是女孩子的缺点，是虚荣心比较重，要是自己哪个方面都不如人，对于她们的信心，将是一种严重的打击，一些偏执的念头，也就由此而产生。我们做家长的，对于她们的这种心理，应该及时疏导，让女孩子明白，一个人究竟要和人比什么，怎么比。

对于现在的孩子，大道理是不屑于听的。那么，我们倒不如以"攀比"应对"攀比"，把孩子引导向"积极攀比"的道路。对此，教育专家们推荐了应对孩子攀比之心的四大策略：

1. 反攀比。孩子们在攀比的时候，最典型的理论就是"别人都有，所以我也应该有"。对付这样的孩子，比较快速生效的办法是实行反攀比。比如：小明虽然有新书包，可是你有新的滑冰鞋啊……

2. 改变攀比兴奋点。孩子有攀比的心理，说明孩子的内心有竞争的倾向或意识，想达到别人同样的水平或超越别人。父母就要抓住孩子这种上进心理，改变孩子攀比吃穿、消费的倾向，引导孩子在学习、才能、毅力、良好习惯等方面进行攀比。比如：当孩子埋怨老师经常表扬某同学时，父母可以和孩子一起研究，列出这个同学的优点，让孩子暗中努力和同学比一比，看能否超过他。

3. 把攀比变成动力。当孩子攀比时，父母可以告诉孩子不是不可以攀比，而是要通过自己的努力，去实现攀比的条件，从而巧妙地将攀比变成动力。例如：孩子跟别人攀比四驱车的数量和档次，父母就可以鼓励孩子积攒零花钱自己购买四驱车，或者进一步引导孩子查找资料、购买四驱车零件进行组装，从而形成节约的意识，养成动手动脑、发明创造的良好行为习惯。

4. 纵向攀比。不妨多鼓励孩子自己和自己比。例如：让孩子今天和昨天比，这个月和上个月比，本学期和上一学期比。在特殊的攀比中，孩子会经常看到自己的进步，原来不会的拼音现在都会了，原来不认识的字现在都认识了，原来不懂的道理渐渐地懂了。

儿童适当地有点攀比心理是正常的，因为孩子在幼儿期就有表现的欲望，他们会用好看的玩具、漂亮的衣服等来吸引大家的注意，但过分的不切合实际的攀比，则会发展成虚荣心。

应对孩子的攀比之心，家长们要着重培养他们以正当方式，通过个人努力来赢过别人；同时，要注意别让孩子感到压力过大，防止钻牛角尖，必要时要安慰他（她），让他（她）放松心情。

面对女孩的攀比之心，有两个小技巧，家长可以试一试：

1. 领着孩子到农村的广阔天地走一走，让她们了解贫困地区的小朋友是怎么生活和学习的。让她们的心灵更开阔一些，有一种"全局观念",不要局限于身边的小圈子。

  2.家长可以引导孩子了解认识更多的东西,培养孩子对于文学、历史、自然等多方面的兴趣,可以有意识地让孩子更多地接触钢琴、舞蹈、绘画等方面的知识,和孩子一同选择其真正喜爱的项目,增强其在这方面的造诣。孩子的关注点转移了,就不会太热衷于与其他伙伴攀比了。